Angelika Maschke
Harald Böckl

Mit dem Hausboot durch

Süd-Frankreich

Edition

Literatur aus der Edition Hausboot Böckl

Mit dem Hausboot durch Burgund/Elsaß/Champagne (3. Auflage)
Mit dem Hausboot durch Süd-Frankreich (3. Auflage)
Mit dem Hausboot durch Holland (2. Auflage)
Mit dem Hausboot durch Irland
Mit dem Hausboot durch England

Unterwegs auf dem Nivernais-Kanal
Unterwegs auf dem Burgund-Kanal
Unterwegs auf der Saône (2. Auflage)

Französisch für Hausboot-Urlauber (2. Auflage)
Hausbootfahren leicht gemacht (Schleusen, Anlegen, Tipps . . .) (2. Auflage)

Bestellmöglichkeiten Seite 143

Zu Ihrer Information . . .

Alle in diesem Buch zusammengestellten Daten wurden mit größter Sorgfalt recherchiert. Dieses Buch dient zur Vorbereitung auf einen Hausboot-Urlaub und zur Auswahl des in Frage kommenden Gebietes. Es ersetzt Wasserkarten und Navigations-Bestimmungen in keiner Weise. Aus Angaben in diesem Buch können keinerlei Rechtsfolgen gegenüber den Autoren abgeleitet werden. Es wird ausdrücklich darauf hingewiesen, dass die rechtlichen Bestimmungen vor Ort sowie die Anweisungen der Aufsichtsorgane zu befolgen sind und dass Bootsfahrten nur in den von den jeweiligen Bootseignern vorgegebenen Abschnitten entsprechend deren Bestimmungen durchgeführt werden können, auch wenn dies in diesem Buch anders geschildert wäre. Bitte haben Sie Verständnis dafür, dass sich Rechtslage, Vorschriften und auch Preise in der Zwischenzeit geändert haben können. Alle Angaben in diesem Buch, sei es durch die Autoren oder durch Hausboot-Urlauber mit ihren Berichten, erfolgen ohne jede Gewähr. Wir weisen daher ausdrücklich darauf hin, dass keine Beispielsfolgen aus dem vorliegenden Buch abgeleitet werden können, und dass die örtlichen Schifffahrtsvorschriften sowie die Anordnungen von Bootseignern und Wasseraufsichtsorganen bedingungslos zu befolgen sind.

Angelika Maschke, Harald Böckl:
„Mit dem Hausboot durch Süd-Frankreich"
ISBN 3-901309-12-8; Edition Hausboot Böckl – Eigenverlag Harald Böckl; 3. Auflage

Fotos: Harald Böckl (wenn nicht bei Bild anders angegeben)
Das Titelbild zeigt Le Somail am Canal du Midi.

© 2001 by Harald Böckl, Printed in Austria

INHALT

Wissenswertes

Urlauber berichten

Unser besonderer Dank gilt jenen, deren Wissen, Informationen, Beiträge und Engagement das Erscheinen dieser 3. Auflage ermöglicht haben:

Eric Clavery, Klaus Demantke, Wolfgang Freundorfer, Valerie, Thomas, Ingrid, Werner G., Robert Graham; Ing. Peter Handl, Leopold Hayer, Georg Kammerer, Otto Karpisek, Gerhard Keprda, Regis Latour, Vera Podsedensek, Richard Marchall, Katerina Martinek, Monique und Donald McPhail, Ing. Josef Merkl, Joachim Peter, Fam. Reinprecht, Maria Schaittenberger, Heinz Seidl, Fam. Siedl, Dr. Franz Szalay, Clair und Adam Townsend, Herta Weinlich, Erich Weizer . . . *und natürlich allen Schleusenwärtern, den Mitarbeitern der Fremdenverkehrsämter und allen anderen, die hier zu nennen wir vergessen haben.*

Vor Gebrauch schütteln ...

. . . hilft bei diesem Buch überhaupt nichts. Es wäre schon besser, Sie würden hier weiterlesen, um zu erfahren, wie man es richtig „gebraucht".

Das Buch besteht aus vier Teilen: Vorne finden Sie allerlei Wissenswertes über Frankreich, über den Wein und über das Hausboot-Fahren an sich. Anschließend gibt es detaillierte Beschreibungen der Wasserwege und der Orte. Dann folgt ein Abschnitt mit Berichten von Hausboot-Urlaubern, die ihre Erlebnisse aus ihrer persönlichen Sicht schildern und gute Tipps parat haben. Und schließlich lesen Sie, „was in keinem Führer steht".

Es ist dies die dritte, überarbeitete und verbesserte Auflage unseres Buches, das wir für all jene geschrieben haben, die auf der Suche nach neuen Hausboot-Revieren oder nach Tipps fürs erste Mal sind. Wir bemühen uns, unsere langjährige Erfahrung mit Hausbooten an Interessierte weiterzugeben – und sie gleichzeitig vor einer Gefahr zu warnen: Hausboot-Fahren wirkt ansteckend, uns hat der Virus vor mittlerweile sechzehn Jahren gepackt und seitdem nicht mehr losgelassen. Nach wie vor sind wir auf unseren privaten Urlauben und im Rahmen beruflicher Reisen dem Hausboot verbunden und stets dabei, neue Informationen zu sammeln, Restaurants zu testen und Wissenswertes für Sie zusammenzustellen.

Haben Sie bitte Verständnis dafür, dass dieses Buch kein perfekter Almanach sein kann. Detaillierte Angaben über das berühmte Kirchenfenster hier und die Ausführung des Altares dort werden Sie nicht finden – maximal den Hinweis, dass es diese gibt. Alles weitere würde den Rahmen dieses Buches sprengen. Interessante Einzelheiten können Sie unseren Kanal-Führern aus der Serie „Unterwegs auf . . ." entnehmen.

Angelika Maschke und Harald Böckl

Wahrscheinlich der bekannteste Kanal der Welt: der Canal du Midi.

Wissenswertes ...

Bares und Plastikgeld

Bares ist gut, Plastikgeld ist besser, scheint es für Frankreich-Reisende zu heißen.

Unsere Euroschecks sind in Frankreich nur bei Banken mehr oder minder gerne gesehen. Dort kann man (je nach Bank) zwischen 150 und 200 Euro pro Scheck (mit Scheckkarte und Reisepass) flüssigmachen. Zum normalen Einkauf eignen sich unsere Schecks nicht, weil sie so gut wie unbekannt sind. Franzosen bezahlen ihre Einkäufe auch bei kleinen Beträgen meist mit ihren großformatigen perforierten Schecks, die sie lässig aus dem Heftchen reißen, oder sie greifen zur Kreditkarte.

Mastercard (Eurocard) oder Visa heißt das Zauberwort (oder vielmehr das Plastikding), das einen ungetrübten Einkaufsspaß in den meisten größeren Geschäften, Supermärkten und Boutiquen garantiert. Viele Restaurants, die meisten Tankstellen sowie alle Mautstellen auf Autobahnen akzeptieren bargeldlose Bezahlung. Faktisch ist es unmöglich, als Hausbootfahrer ohne Bargeld nicht über die Runden zu kommen, so lange man eine gültige Kreditkarte besitzt. Die hohe Akzeptanz durch die Geschäftswelt erklärt sich dadurch, dass die Gebühren für die Vertragspartner wesentlich geringer sind als bei uns, wo die Kreditkarten-Unternehmen gleich mit zwei bis fünf Prozent am Umsatz mitnaschen.

Telefonieren

Um gleich beim bargeldlosen Bezahlen zu bleiben: Immer mehr Telefonzellen stellen nur mehr gegen Telefonwertkarte die gewünschte Verbindung her und verweigern Münzen. Erhältlich sind die Wertkarten auf allen Postämtern.

Für Hausboot-Urlauber ist der Kauf einer Telefonwertkarte anzuraten. Wenn man in einem einsamen Abschnitt tagelang keine „normale" Telefonzelle findet, ist es meist zu spät – dort gibt es dann auch kein Postamt, oder es hat gerade geschlossen, wenn man daran vorbeikommt.

Innerhalb Frankreichs gibt es keine Vorwahl (Ausnahme Paris, wo man die Ziffer 1 vor der Rufnummer wählt). Um ins Ausland zu telefonieren, wählt man zuerst 19 und wartet dann auf einen durchgehenden Signalton. Der kommt manchmal sofort, manchmal erst nach gehörigem Warten oder nach Geräuschen, die an ein Besetztzeichen erinnern. Nur nicht die Geduld verlieren!

7

Hat man einmal die internationale Leitung, geht es mit der Landeskennung weiter: 43 für Österreich, 49 für Deutschland und 41 für die Schweiz. Dann kommt die Vorwahl für den Ort, wobei die 0 am Anfang weggelassen wird.

Handys funktionieren mittlerweile in Frankreich genauso gut (oder schlecht) wie bei uns.

Die Öffnungszeiten der Geschäfte

Frankreich hat uns etwas ganz Wesentliches voraus: vernünftige Einkaufszeiten nämlich. Während gewerkschaftlich organisiertes Bemühen in unseren Breiten vorwiegend darauf ausgerichtet zu sein scheint, Verkäufern wie Käufern das Leben durch relativ weltfremde Öffnungszeiten so schwer wie möglich zu machen, demonstrieren Franzosen, dass es auch anders geht. Dort haben alle Geschäfte bis etwa 19.30 Uhr offen, natürlich auch am Samstag. Sonntags haben die kleinen Läden (Lebensmittel, Fleischer, Bäcker etc.) am Vormittag geöffnet. Als Ausgleich dazu gibt es regional unterschiedlich lange Mittagspausen und einen ganzen bzw. halben Tag unter der Woche, an dem das Geschäft ganz zu ist (gilt nicht für Supermärkte). In den Touristenzentren Südfrankreichs gelten noch wesentlich kundenfreundlichere Öffnungszeiten. Fazit: Einkaufen macht Spaß, man kennt keinen Einkaufsstress wie bei uns, und Käufer wie Verkäufer verkehren in einer entspannten, freundlichen Atmosphäre miteinander. Nebenbei ist die Auslastung der Geschäfte besser über den ganzen Tag verteilt, es gibt weniger starke Spitzenzeiten als bei uns.

Danke für Ihr Verständnis, *dass Angaben in diesem Buch nicht ewig gültig sind: speziell Geschäfte und Restaurants können Besitzer, Öffnungszeiten, Preise und Qualität schneller ändern, als dieses Buch gedruckt wurde. Bitte teilen Sie uns mit, wenn etwas nicht mehr aktuell ist:*

Österreich 01/470 470 8
International 0043 1 470 470 8.

Minervois ist ein billiger, einfacher Wein, der als Vin du Pays verschnitten wird.

Die Weine in Südfrankreich

Bordeaux

Die neben den Burgundern besten (und teuersten) Weine Frankreichs kommen aus der Region rund um Bordeaux. Das Weinbaugebiet ist mit knapp 100.000 Hektar fünfmal so groß wie jenes von Burgund. 5 Millionen Hektoliter werden hier alljährlich produziert.

Weinbau gab es hier schon zur Römerzeit. Noch im Mittelalter beschränkte sich das Weinbaugebiet Bordeaux auf die Hügel rund um die Stadt, erst später drainagierten Weinhändler das sumpfige Land rundum und bauten jene schlossähnlichen Güter, die heute eine Rundfahrt durch die Gegend so attraktiv machten.

Die längste Zeit wurde im Bordelais hauptsächlich leichter Roséwein produziert, der sich nicht lange lagern ließ. Erst nach dem Mittelalter begann man, den schweren Rotwein zu kultivieren und sich um seine Pflege und Lagerung zu kümmern. Zu den Bordeaux-Weinen gehören unter anderen der Médoc, der Graves und der St.-Émilion.

Im Médoc (das sich westlich der Gironde über eine Länge von 80 Kilometern in einem 10 km breiten Streifen erstreckt) gibt es mehr als 130 Weingüter (Châteaux) und eine witzige Landschaft: die Landzunge zwischen Gironde und Atlantik hat einen äußerst kargen Boden, daher gibt es praktisch nur zwei Formen der Vegetation: Kiefernwald und Weingärten.

Bordeauxweine werden in den unterschiedlichsten Qualitäts- und Preisklassen angeboten. Wer nicht sicher ist, welchen Wein er im Restaurant wählen soll, kann unbedenklich zu einem der billigeren Produkte greifen – bei einem Bordeaux geht praktisch nichts schief, weil er aus drei verschiedenen Trauben besteht, um seine gleichbleibende Qualität zu erhalten. Kenner sagen jedoch, dass die Jahrgänge '92 bis '94 nicht besonders ausgefallen sein sollen.

Languedoc-Roussillon

Eines der größten Weinbaugebiete Frankreichs mit rund 160.000 Hektar ist die Region Languedoc-Roussillon. Hier wird seit der Römerzeit Wein angebaut. Die Weinberge erstrecken sich vom Ufer des Meeres bis in die hügelige Gegend, die man beispielsweise am Canal du Midi durchquert. Generell ist der hier produzierte Wein von einfacher, vielfach auch von minderwertiger Qualität und mit den Produkten aus Burgund oder Bordeaux nicht zu vergleichen. Der mit zahlreichen unterschiedlichen Weinen verschnittene „Vin du

Pays" (der in unseren Gaststätten meist viel zu teuer verkauft wird) oder der „Vin du Table" stellen die unterste Stufe der Qualitäts-Leiter dar und werden in Süd-frankreich als Massenware gekauft und getrunken. Da sieht man wieder einmal, was gutes Marketing aus einem Produkt, das vor Ort in jedem Supermarkt um ei-nen halben Euro erhältlich ist, machen kann: ein Getränk, von dem ein Glas voll ein Vielfaches des Flaschenpreises kostet. Bei aller kritischen Betrachtung noch eine Anmerkung: es kann natürlich schon einmal vorkommen, dass die eine oder andere Flasche, die man bei einem Schleusenwärter ersteht, ganz ausgezeichnet mundet. Die Regel ist dies jedoch nicht – speziell dann, wenn man auch andere Weine aus Frankreich kennt, dann macht man um Minervois & Co. einen großen Bogen, was in vielen Lokalen (vor allem den einfachen) entlang des Midi ziem-lich schwierig ist: es werden bei den Roten hauptsächlich lokale Weine angebo-ten. Ein guter Ausweg: einen Rosé trinken, der ist stets gekühlt, da spielt die Qualität eine eher untergeordnete Rolle. Eine weitere Möglichkeit zum „Auswei-chen" bieten Weine vom Herault, wo im Landesinneren eine bessere Qualität bei den Rotweinen zu finden ist. Und wenn es die Weinkarte gestattet, dann ist die erste Wahl natürlich ein Bordeaux. Cotes-du-Rhône findet sich eher spärlich in den Restaurants, vor allem in weiter westlich gelegenen Regionen. Dieser wäre eine preisgünstige Alternative zum Bordeaux, bei der in der Regel nichts schief-gehen kann.

Die Bezeichnung „Vins de Sables" (Weine vom Sandgrund) wird vor allem für Weine aus der Gegend um Aigues-Mortes bis Frontignan vergeben und weist auf den sandigen Boden hin, in dem hier in der Ebene Wein produziert wird. Es han-delt sich dabei nicht um eine spezielle Sorte.

An qualitätsorientierten Weinen der Region sind der Fitou (Departement Aude) und der Banyuls (am Mittelmeer, nahe der spanischen Grenze) zu nennen.

Cognac

Nördlich an die Bordeaux-Lagen mit geringerer Qualität schließt das Anbauge-biet von Cognac an. Was hier produziert wird, ist als Wein praktisch ungenießbar und wird daher destilliert – wodurch ein edler Weinbrand, eben der Cognac, ent-steht. Fast 70.000 Weinbauern bewirtschaften eine Fläche von rund 90.000 Hek-tar – und mit dem Hausboot fährt man auf der Charente nicht nur mitten durch das Weinbaugebiet, sondern auch in sein Zentrum, die Stadt, die dem Edelbrand seinen Namen gegeben hat. Die Weinbauern brennen den Cognac, sobald die Gärung des Weines ausgesetzt hat. Ein „Bonne chauffé" (junger Cognac, der noch klar und farblos ist) entsteht durch ein zweimaliges Brennen (Erhitzen des Weines in einem Kessel über Feuer). Erst durch die Lagerung in Eichenfässern erhält er seine typische Farbe und seinen Geschmack. Ein Cognac muss zwei Jahre lagern, um trinkfähig zu sein; VSOP (very special old pale) lagert mindestens fünf Jahre. Die durch die Lagerung verdunstete Flüssigkeit wird durch destilliertes Wasser ersetzt. Neben einer gekonnten Behandlung bei Produktion und Lagerung ist auch die Zusammensetzung für den Geschmack entscheidend: um Qualitätsschwankungen zu vermeiden, werden mehrere Weinsorten miteinander gemischt.

Es gibt im Cognac zahlreiche kleine Brennereien. Die bekanntesten Namen der großen sind Hennessy, Remy Martin oder Martell.

Armagnac

Der Armagnac ist ein rauchiger Branntwein, ähnlich dem Cognac, jedoch nur einmal gebrannt. Auch hier ist das Ausgangsprodukt, ein Weißwein, ungenießbar, weil zu sauer. Das Anbaugebiet erstreckt sich vom Garonne-Seitenkanal (zwischen Agen und Damazan) südwärts, die Baïse führt mitten hinein.

Côtes du Rhône

Nördlich vom Rhône-Delta wird der Côtes du Rhône produziert, ein einfacher, kräftiger Roter, der eigentlich recht preisgünstig in Supermärkten und Restaurants zu haben ist. Wir empfehlen ihn als „Sicherheitswein", wenn man mit der Weinauswahl im Restaurant Probleme hat oder nicht zu den teuren Flaschen greifen will. Hier kann in der Regel nichts schiefgehen (wie beim Bordeaux, nur brieftaschenschonender!).

Provence

Die Provence ist mit dem Hausboot nicht zu befahren und die Weinbaugebiete dieser Region liegen östlich der Rhône; da Provence-Weine jedoch in praktisch allen Supermärkten Frankreichs und in sehr vielen Lokalen entlang des Midi und des Canal du Rhône á Sète (Camargue) erhältlich sind, finden Sie hier einen kurzen Hinweis darauf. Erwähnenswert sind vor allem die Roséweine aus dem Gebiet um Aix-en-Provence (Côteaux d'Aix-en-Provence). Diese Weine müssen gut gekühlt getrunken werden und eignen sich als erfrischendes Getränk zum Essen.

Wollen Sie Näheres über den Wein, speziell über die Weine Burgunds, wissen? In unserem Buch „Mit dem Hausboot durch Burgund und Elsaß" gehen wir genauer auf die Weinkultur Zentralfrankreichs ein.

Keine Angst vor Schleusen!

Sie fahren zum ersten Mal mit dem Hausboot? Sie sind noch nie durch eine Schleuse gefahren? Keine Angst! Die erste Schleuse ist noch ein wenig aufregend, nach ein paar derartigen Manövern wird das ganze aber zur Routine. Der Tratsch mit dem Schleusenwärter ist eine nette Abwechslung; von ihm erhält man oft Tipps für Restaurants, Sehenswürdigkeiten oder gute Anlegeplätze. Viele Schleusenwärter verkaufen auch Wein, Milch, Brot, Honig und ähnliche Produkte. Und außerdem: Neben schleusenreichen Abschnitten gibt es auch Regionen mit wenigen bis keinen Schleusen (z. B.: Camargue mit einer einzigen automatischen Schleuse bei Beaucaire oder Strecken am Midi).

Ein guter Berater sollte bei Ihrer Buchung auf die für Ihre Crew passende Route eingehen und Ihnen entsprechende Vorschläge machen.

Ein paar Tipps . . .

- Nehmen Sie eine Taschenlampe von zu Hause mit. Sie erleichtert das nächtliche Heimkehren aufs Boot, wenn Sie außerhalb des Ortes festgemacht haben.
- Wir kaufen am ersten Tag unserer Bootsreise „Notproviant" ein (Dosen) und haben haltbares Vollkornbrot von zu Hause mit; dadurch ist es halb so schlimm, wenn das einzige Restaurant eines Dorfes irgendwo weit draußen ausgerechnet an dem Tag geschlossen hat, an dem wir dort essen gehen wollten.
- In den ländlichen Gebieten gibt es – regional unterschiedliche – Wochentage, an denen die kleinen Geschäfte als Ausgleich für die Wochenend-Öffnungszeiten geschlossen haben (sehr oft am Montag). Genaue Details erfahren Sie bei Bootsübernahme vom Basismanager.
- Koffer an Bord sind unpraktisch. Reisetaschen lassen sich viel besser verstauen!
- An folgenden Feiertagen sind die Schleusen in den meisten Regionen geschlossen: Ostersonntag (oder Ostermontag), 1. Mai, Pfingstsonntag, 14. Juli, 1. November. In vielen Orten finden Feste statt, die einen Besuch wert sind. In schleusenfreien Abschnitten kann aber auch gefahren werden.

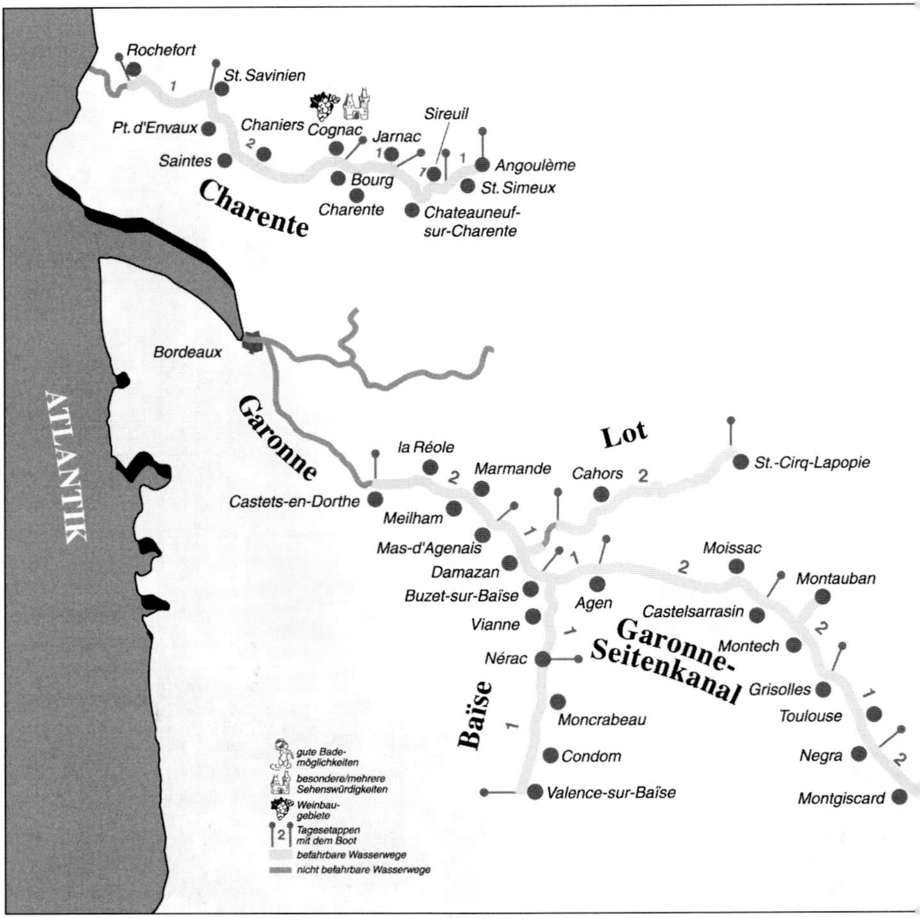

Rochefort

St. Savinien

Pt. d'Envaux

Chaniers Cognac Jarnac

Sireuil

Saintes

Angoulème

Bourg

St. Simeux

Charente

Charente

Chateauneuf-
sur-Charente

Bordeaux

ATLANTIK

Garonne

la Réole

Lot

St.-Cirq-Lapopie

Marmande

Cahors

Castets-en-Dorthe

Meilham

Mas-d'Agenais

Moissac

Damazan

Montauban

Buzet-sur-Baïse

Agen

Castelsarrasin

Vianne

*Garonne-
Seitenkanal*

Montech

Nérac

Grisolles

Baïse

Moncrabeau

Toulouse

gute Bade-
möglichkeiten

besondere/mehrere
Sehenswürdigkeiten

Weinbau-
gebiete

Condom

Negra

2 Tagesetappen
mit dem Boot

Valence-sur-Baïse

Montgiscard

befahrbare Wasserwege

nicht befahrbare Wasserwege

Paris

Charente

Bordeaux

Lyon

Canal
du Midi

Camar-
gue

Die Wasserwege
in Südfrankreich

Die Region zwischen Mittelmeer und Atlantik bietet eine Reihe interessanter Wasserwege – jeder für sich ist einzigartig, jeder
deutlich anders hinsichtlich Landschaft,
Kultur und Navigation. Wählen Sie, was am
besten zu Ihnen passt!

Wasserwege in Süd-Frankreich

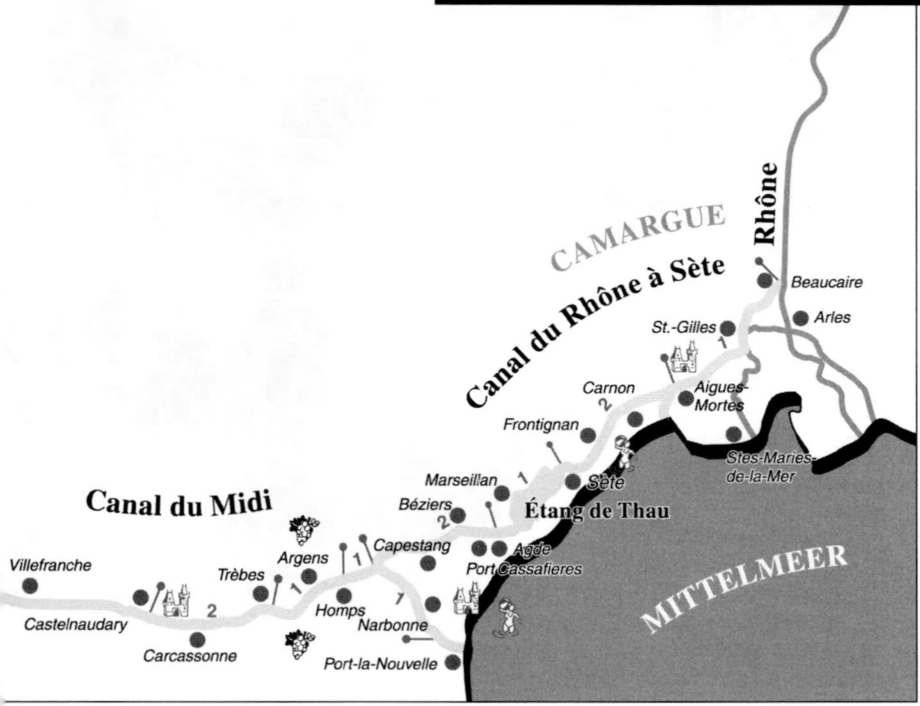

CAMARGUE

Rhône

Canal du Rhône à Sète

Beaucaire

St.-Gilles

Arles

Carnon

Aigues-Mortes

Frontignan

Stes-Maries-de-la-Mer

Marseillan

Canal du Midi

Béziers

Sète

Étang de Thau

Villefranche

Argens

Capestang

Agde

Port Cassafieres

Trèbes

Homps

MITTELMEER

Castelnaudary

Narbonne

Carcassonne

Port-la-Nouvelle

15

Gut zu erkennen sind hier jene Elektromotoren, die die Schieber der Schleusen des Canal du Midi öffnen.

*Die Platanen an den Ufern des Canal du Midi spenden Schatten,
der die große Hitze im Sommer erträglich macht.*

*Aus der Zeit der Erbauung des Kanals stammen die Steinbogenbrücken,
die den Canal du Midi überspannen.*

Ausgrabungen im Oppidum d'Enserune,
hoch über dem Kanaltunnel gelegen.

*Le Somail, ein kleines Dorf mit einer Steinbogenbrücke, ist das
wahrscheinlich meistfotografierte Motiv des Canal du Midi.*

*Von den Ausgrabungen im Oppidum Enserune hat man
einen guten Blick auf das kreisrunde Feld von Montady.*

Eine wenig bekannte Ansicht: die „Rückseite" von Carcassonne,
die mittels Spaziergang durch die Weinberge zu erreichen ist.

Kommt man von der Stadt, liegt die Cité von Carcassonne
wehrhaft auf einem Hügel vor dem Besucher.

Le Somail: rechts ist das Haus des Malers,
über die Brücke geht es zur Kirche.

Der Canal du Midi besticht durch eine besondere technische Leistung:
eine 52 km lange schleusenfreie Strecke namens „Le Grand Bief".

Foto: Leopold Hayer

Einfahrt in den ältesten Kanaltunnel der Welt
(Tunnel von Malpas).

Die Stadt Béziers liegt auf einem steilen Hügel
am Fluss Orb.

Begegnung mit einem Hotelschiff – zum Glück herrscht im Tunnel
„Einbahnverkehr", der durch Ampeln geregelt wird.

Canal du Midi

Argens ◯
Homps ◯
Laredorte ◯
Puichéric ◯
Marseillette ◯
◯ Trèbes
Villeséquelande ◯   ◯ Carcassonne
◯ Toulouse
Avignonet
Castelnaudary ◯   ◯ Villepinte
◯ Bram
Villefranche ◯
Castanet ◯
Col de Naurouze
Montgiscard ◯

Neben dem Eiffelturm gilt der Canal du Midi als eines der größten baulichen Meisterwerke Frankreichs. Bei seiner Eröffnung wurde er immerhin als achtes Weltwunder bezeichnet. Nicht zu Unrecht, wie man sieht. Das Mittelmeer mit dem Atlantik zu verbinden, war schon in der Antike der Traum der Menschen. Geschichtliche Überlieferungen bestätigen, dass bereits Tacitus auf die Notwendigkeit eines Kanals hinwies. Und für zahlreiche französische Könige blieb diese Wasserstraße ein unerfüllter Wunschtraum.

Es musste erst ein Steuereintreiber kommen, der sich über das Monsterprojekt wagte, das selbst Könige nicht in Angriff nehmen konnten: er hieß Pierre-Paul Riquet, Freiherr von Bonrepos. Beruflich bedingt kam er in der Region viel umher. Er entdeckte eine Wasserscheide zwischen Mittelmeer und Atlantik und begeisterte sich zudem für neueste technische Methoden. Emsig skizzierte und

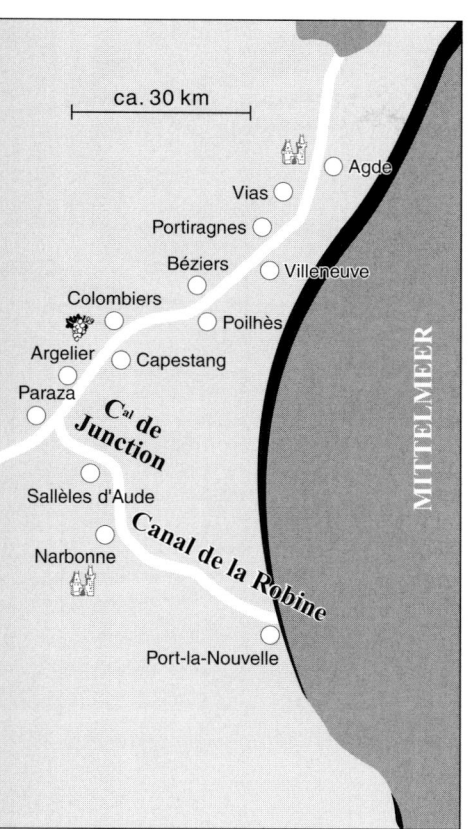

Der Canal du Midi: Von Toulouse bis zum Étang de Thau

Der Canal du Midi und der Garonne-Seitenkanal bilden eine Verbindung vom Mittelmeer zum Atlantik. Fälschlicher Weise wird die gesamte Kanalverbindung zwischen den beiden Meeren als Canal du Midi bezeichnet. Der Canal du Midi beginnt jedoch in Toulouse und endet am Etang de Thau. Von Toulouse zum Atlantik befährt man den Garonne-Seitenkanal, der anschließend behandelt wird (Seite 48).

Wir beschreiben hier beide Abschnitte dieser Wasserstraße getrennt, jeweils von Toulouse ausgehend.

plante er die Wasserversorgung für den Kanal. Als er die Lösung gefunden hatte, begannen erst die eigentlichen Schwierigkeiten: er musste mit seinem gesamten privaten Vermögen Planungen und Arbeiten finanzieren. Vom Sonnenkönig, Ludwig XIV., erhielt er lediglich die gnädige Erlaubnis, einen fast zweitausend Jahre alten Menschheitstraum zu erfüllen.

1667 begannen die Arbeiten, bei denen rund 4.000 Menschen beschäftigt waren. Riquet starb, völlig verarmt, ein halbes Jahr vor der triumphalen Fertigstellung des ersten Abschnitts vom Mittelmeer bis Toulouse im Jahr 1681. Ab Toulouse befuhr man die Garonne bis Bordeaux. Ein auf dem unberechenbaren Fluß gefährliches Unterfangen, das erst mit der Fertigstellung der Kanal-Abschnitte bis Agen (1850) und bis Castets (1856) ein Ende hatte.

Die größte technische Meisterleistung von Pierre-Paul Riquet war der „Le Grand Bief" genannte schleusenfreie Abschnitt mit einer Länge von 52 Kilometern. Bis heute gibt es (sieht man von dem auf Meeresniveau durch Salzseen führenden Canal du Rhône à Sète in der Camargue ab) keine Kanalstrecke in Frankreich, die ein derart langes Stück ohne jede Schleuse auskommt.

Warum sich Baron Riquet dermaßen um eine schleusenarme Strecke bemüht hat? Die Antwort liegt auf der Hand: wo keine Schleusen waren, konnten Gütertransporte rasch und ungehindert vorwärts kommen, und, was in Südfrankreich noch viel wichtiger war, es wurde Wasser gespart. Jeder Schleusenvorgang benötigt immerhin rund 300 Kubikmeter Wasser. Ermöglicht hat den schleusenfreien Abschnitt die ehemals achtstufige Schleusentreppe von Fonséranes und der in unmittelbarer Nähe befindliche Tunnel bei Enserune Souterrain de Malpas. Beide, sowohl eine Schleusentreppe dieses Ausmaßes mit immerhin 20 Metern Hub wie auch ein Schiffstunnel durch einen Berg, waren 1681 Weltsensationen. Und als Weltsensation wurde der Canal du Midi damals auch gefeiert.

Pastell und High-Tec

Wer mit dem Hausboot durch die schäbigen Vororte von Toulouse bummelt, würde nicht vermuten, dass es sich bei dieser Stadt um ein wahres Zentrum hochentwickelter Technologie handelt: nicht nur die Flugzeuge Concorde (insgesamt gibt es nur 20 Stück dieses großen silbernen Vogels, der 1970 erstmals mit Überschallgeschwindigkeit flog und dank der Ölkrise in die Pleite segelte) und Airbus stammen von hier, sondern auch die Trägerrakete Ariane. Der Reichtum der Stadt, von dem ein stimmungsvolles Zentrum noch heute zeugt, stammt aus dem 15. und 16. Jh.: damals begann man, mit Farben zu handeln. Das Rohmaterial wuchs buchstäblich vor den Stadttoren: eine Pflanze, aus der man Pastellblau gewinnen konnte. Ganz offensichtlich als „Gegensatz" dominiert Rosa das Erscheinungsbild der Stadt.

Heute werden immer mehr Schleusen elektrisch betrieben, nur noch wenige sind händisch zu bedienen. In jedem Fall hilft Ihnen ein Schleusenwärter dabei. Dadurch ist der Canal du Midi getrost auch für all jene zu empfehlen, die Schleusen nicht so sehr mögen.

Fälschlicher Weise wird die gesamte Kanalverbindung zwischen Mittelmeer und Atlantik als Canal du Midi bezeichnet. Dieser beginnt jedoch in Toulouse und endet am Etang de Thau. Von Toulouse zum Atlantik befährt man den Garonne-Seitenkanal, der anschließend behandelt wird.

Von Toulouse bis zum Etang de Thau, 240 km, 99 Schleusen.

Toulouse

Toulouse wurde bereits 3 Jahrhunderte vor unserer Zeitrechnung von den Kelten gegründet. Viertgrößte Stadt Frankreichs mit 350.000 Einwohnern und zahlreichen historischen Bauten. Toulouse war einst eine kulturelle Hochburg, deren Steinmetze und Holzschnitzer europaweit Beachtung fanden. Mit ihrem südländischen Flaire passt die Stadt eigentlich viel besser an die Côte d'Azur, man würde sie nicht hier am Zugang zu den Pyrenäen erwarten.

Universitätsstadt·mit vielen Sehenswürdigkeiten (Kloster aus dem 12. Jh., Basilika St.-Sernin, Kirche Notre Dame du Taur aus dem 14. Jh.) und Restaurants in allen Preislagen. Gute Anlegemöglichkeiten im Hafen nahe beim Zentrum St.-Sauveur. Detaillierte Informationen können Sie jedem Reiseführer entnehmen.

So reizvoll der Kanalabschnitt landschaftlich ist, er hat einen großen Nachteil: von Toulouse bis Carcassonne verlaufen Autobahn und Eisenbahn dicht neben dem Canal du Midi. Uns stört dies ziemlich, wir haben aber auch schon von vielen Leuten gehört, dass sie diese Belästigung gerne in Kauf genommen haben, um den schwach befahrenen Abschnitt mit seiner einmaligen Landschaft zu genießen.

Toulouse bis Port Sud: keine Schleusen, 7 km, 1 Stunde 15 Minuten

Port Sud

Relativ neuer Hafen mit allen Einkaufsmöglichkeiten und einem Restaurant (einige mehr finden Sie in der Stadt).

Cassoulet

Man nehme weiße Bohnen, Speck sowie Hammel, Schwein und Ente oder Gans, und schon ist der berühmte Eintopf Südfrankreichs fertig. Freilich muss er stundenlang gekocht werden, damit die Bohnen den Fleischgeschmack annehmen. Mehrmaliges Aufwärmen macht das Gericht noch besser.

Die Bouillabaisse

Angeblich waren es die Griechen, die die Bouillabaisse nach Marseille gebracht haben. Von dort verbreitete sich die üppige Fischsuppe jedenfalls recht schnell im südfranzösischen Raum. Rezepte dafür gibt es heute so viel, wie es Köche gibt. Grundsätzlich geht man von drei oder mehr Fischarten aus. Besonders wichtig ist, dass ausschließlich fangfrische Fische verwendet werden. Knurrhahn, Drachenkopf, Seewolf oder Languste sind die meistverwendeten Fische, sehr oft findet man auch Meeresaal im Topf. Die Brühe wird aus Olivenöl, Salz, Knoblauch, Tomaten, Petersil, Fenchel und Gewürzen wie Lorbeer oder Thymian bereitet. Safran sorgt für den besonderen Geschmack.

Ramonville St.-Agne (Port Sud) bis Montgiscard: 3 Schleusen, 13,5 km, 2 Stunden 45 Minuten

Montgiscard

Netter, ehemals befestigter Ort aus dem 13. Jh. auf einem Hügel. Die Kirche (14. Jh.) ist zum Teil (mit ihrem Turm) mit der Stadtmauer verbunden. Gute Anlegestelle zum Einkaufen. Bar: Les trois Epis.

Montesquieu-Lauragais und **Aygues-Vives** am rechten Ufer sind kleine Orte etwas abseits des Kanals, die im Bedarfsfall leicht erreichbar sind.

Baziège

Empfehlenswertes Restaurant im Château (Jagdhaus von Katherina von Medici); Schlossbesichtigung möglich; Tel. 05 61 27 87 21.

Négra

Dieses winzige Dorf hatte früher als Hafen für Postschiffe eine bedeutende Funktion. Hier wurde übernachtet und die Pferde zum Ziehen der Kähne gewechselt. Die ehemaligen Stallungen sind bei der Schleuse zu sehen, ebenso die Kapelle. Ein Renaissance-Schloss dient heute als Rathaus. Die gotische Kirche von Montesquieu stammt aus dem 17. Jh.

Montgiscard bis Gardouch: 6 Schleusen, 14 km, 3,5 Stunden

Gardouch

Anlegestelle bei der Schleuse. Einige Geschäfte und Restaurants.

Villefranche-de-Lauragais

Kleine befestigte Stadt, 2 Kilometer vom Kanal entfernt. Gotischer Turm in der Stadtmauer. Per Fahrrad leicht von der Schleuse Renneville aus zu erreichen. Gute Einkaufsmöglichkeiten, Bahnhof und einige gute Restaurants.

Avignonet-Lauragais

Dorf nahe des Kanals mit einigen Geschäften und 3 Restaurants: Auberge du Pilori, L'Obelisque und Restaurant Routier.

Gardouch bis Lauragais Port de Lauragais: 5 Schleusen, 11 km, 3 Stunden

Port de Lauragais

Neuer Hafen im Bereich einer Autobahnstation der A 61, die hier den Kanal kreuzt. Näheres über die Geschichte des Midi erfährt man im „Pierre Paul Riquet Museum". Rugby-Museum. Restaurant La Dinée.

Bief de partage/Schwelle von Naurouze

Scheitelhaltung (höchste Stelle, Wasserscheide; frz. „bief de partage") des Kanals bei der „Schwelle von Naurouze" 190 Meter über dem Meeresspiegel. Denkmal für Paul Riquet, Erbauer des Kanals. Mühle, Obelisk. Hier fließt das in Speicherseen gesammelte Wasser nach, das den Betrieb des Kanals möglich macht.

Port de Lauragais bis Le Ségala: 1 Schleuse, 4 km, 1 Stunde

Le Ségala

Winziges Dorf mit kleinem Lebensmittelgeschäft und Bahnstation. Töpferei

Baraigne

Unweit von Le Ségala. Das Schloss stammt aus 1500, wurde mehrfach umgebaut und besitzt einen schönen Renaissancehof.

Le Ségala bis Castelnaudary: 8 Schleusen, 11 km, 3,5 Stunden

Castelnaudary

Größere Stadt mit 11.000 Einwohnern. Alle Einkaufs- und Sportmöglichkeiten. Sehenswürdigkeiten: Kathedrale, Windmühle und „Le grand Bassin", ein großer „See" mit attraktiven Häusern rundum, den man mit dem Boot durchquert.

Restaurants Fourcade, L'Oustalet, Le Gondolier (alle bieten natürlich „Cassoulet" an, ein Ragout aus weißen Bohnen, Geflügel und Schweinefleisch).

Von hier an werden Sie in Richtung Carcassonne weniger Bootsverkehr finden. Der Kanal führt auf diesem Abschnitt nicht direkt durch Ortschaften, diese sind einen Spaziergang weit vom Wasserweg entfernt.

Villepinte

Kleines Dorf mit Fleischhauer, Bäcker und kleinem Warenhaus.

Restaurants: La Mauveraie, Aux deux Acacias.

Die Festung von Carcassonne

Römischen Ursprung haben etliche der Mauern, die die Cité von Carcassonne umschließen: als die Festung im 13. Jahrhundert ausgebaut wurde, hat man ganz einfach die vorhandenen Reste der römischen Schutzbauten mitverwendet.

Nur zwei Tore führen in die mächtige Anlage mit ihren 53 Türmen, die zwischen dem 13. und 17. Jh. die bedeutendste Wehrburg des gesamten Südens war. Die spitzen Dächer wurden allerdings erst viel später hinzugefügt, nämlich im 19. Jh.

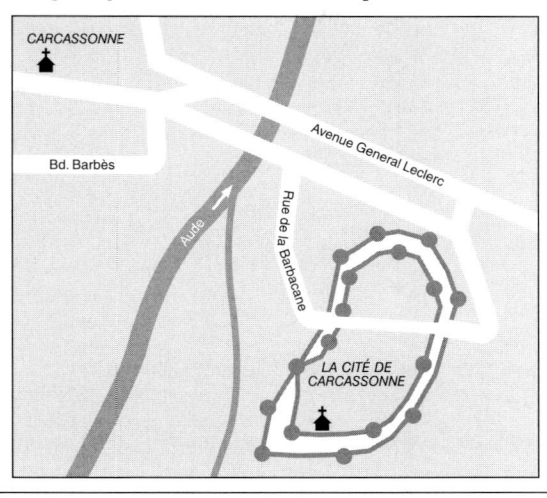

Heute leben angeblich nur noch ein paar alte Einwohner in der Cité; der Rest der Gebäude (also so gut wie alle) dient touristischen Zwecken: Cafés, Souvenierläden und sogenannte Kunsthandwerker haben die mittelalterliche Festung längst erobert und freuen sich auf die hereinbrechenden Touristenscharen.

Ausführliche Informationen in Deutsch sind in den Touristengeschäften und Informationsbüros erhältlich.

Einige der neun Schleusen zwischen Castelnaudary und Villepinte sind elektrisch gesteuert. Sie befahren neben anderen auch eine dreifache und eine vierfache Schleuse.

Restaurants am Kanalufer: L'Hostellerie Vellondrade: vor der Doppelschleuse von Gay. Le Four: auf der anderen Seite der N 113.

Castelnaudary bis Bram:
18 Schleusen, 15,5 km,
7 Stunden

Bram

Größerer Ort, 2 Kilometer von der Brücke entfernt. Es handelt sich beim Zentrum dieser Siedlung um ein noch sehr gut erhaltenes „Rundlingsdorf" aus dem 18. Jh., bei dem die Häuser kreisförmig um die Kirche (13. Jh.)

angelegt wurden. Alle Einkaufsmöglichkeiten, Postamt, Bank und Eisenbahnstation. Zwei Restaurants.

Bram bis Villeséquelande:
1 Schleuse, 10,5 km,
2,5 Stunden

Villeséquelande

Dorf mit nur einem kleinen Lebensmittelgeschäft, kein Restaurant. Anlegestelle mit einem sehr schönen Ausblick auf das Dorf und die „Montagne Noire" („Schwarzes Gebirge") im Norden.

Villesequélande bis Pézens:
1 Schleuse, 5 km, 1 Stunde

Pézens

Dorf mit allen Einkaufsmöglichkeiten rund 1 km vom Kanal entfernt. Postamt und zwei Bars, jedoch kein Restaurant, dafür aber eine Weinbaugenossenschaft.

Foucaud

Bei PK 102 verlief der Canal du Midi ursprünglich nördlich von Carcassonne vorbei. Die Stadt leitete den Kanal jedoch auf eigene Kosten durchs Zentrum um. Heute zeugen nur noch ein altes Steinbecken und eine Straße vom ehemaligen Verlauf. Interessanter botanischer Garten.

Pézens bis Carcassonne:
4 Schleusen,
9 km, 2,5 Stunden

Carcassonne

Die „neue Stadt" mit 40.000 Einwohnern bietet alle Einkaufsmöglichkeiten. Gute Anlegestelle im öffentlichen Hafen oder knapp danach. Rund 20 bis 30 Minuten Fußmarsch zur Cité (Taxi nehmen!). Die mittelalterliche Cité liegt über der Stadt und ist einen Besuch wert, obwohl man in der Hochsaison von an-

deren Touristen umzingelt ist. Die zwei Brücken über den Fluss bieten einen guten Blick auf die befestigte Anlage. Falls Sie über Nacht in Carcassonne bleiben, versäumen Sie nicht, einen Blick auf die beleuchtete Festung zu werfen.

Restaurant Hôtel Terminus, Restaurant Hôtel Bristol nahe des Bahnhofs sowie zahlreiche weitere Restaurants.

Cabrespine

Rund 18 Kilometer nördlich von Carcassonne (per Taxi über die D 620 und dann die D 112 leicht zu erreichen) liegt die Tropfsteinhöhle von Cabrespine („Gouffre Giant"). Nähere Auskünfte erhalten Sie unter anderem im Fremdenverkehrsbüro von Carcassonne.

Carcassonne bis Trèbes:
7 Schleusen, 11 km, 3,5 Stunden

Trèbes

Der Fluss Aude und der Canal du Midi führen mitten durch diese kleine Stadt. Alle Einkaufsmöglichkeiten, Freibad auf der anderen Seite des Flusses. Über den Orbiel, der hier in die Aude mündet, führt eine kleine Kanalbrücke, die 1686 erbaut wurde (älteste Brücke, die vom Midi-Erbauer Vauban errichtet wurde). Wer per Taxi nach Carcassonne fahren will: Taxistand bei der Kanalbrücke. Nette Anlegestelle für einen Tag. Sehenswert ist die Kirche aus 1300, deren Dachstuhl von 320 Holzfiguren getragen wird.

Restaurants: Le Cabriolet, L'Auberge du Moulin, Le Menestrel.

Trèbes bis Marseillette:
3 Schleusen, 9 km, 2 Stunden

Marseillette

Dorf mit einem einzigen Geschäft. Kunsthandwerk und Weinverkauf neben dem Kanal. Restaurants: Pizzeria L'Arlequin, La Terrasse, La Muscadelle (an der Straße nahe der Schleuse).

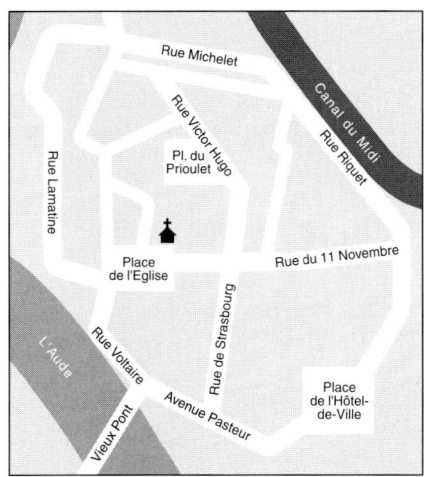

Trèbes

Marseillette bis Puichéric:
8 Schleusen, 9 km, 3,5 Stunden

Puichéric
Kleiner Ort mit den wichtigsten Geschäften und mittelalterlichem Charakter. Romanische Kirche, Burgruinen, Weinkeller.

Puichéric bis Laredorte:
2 Schleusen, 4,5 km,
1 Stunde 15 Minuten

Laredorte
Dorf mit den wichtigsten Geschäften, Postamt und Apotheke. Wasserrutsche für Kinder. Schloss und Weinbau.

Restaurants: La Rivassel (beim Kanal) und De la Gare (im Ort).

Laredorte bis Homps:
1 Schleuse, 6 km,
1,5 Stunden

Homps
Dorf mit 2.000jähriger Geschichte und den wichtigsten Einkaufsmöglichkeiten. Gute Anlegestellen. Festung aus dem 12. Jh., Weinmuseum (Rue Necker) und Kellereien.

Restaurants: La Guinguette des Tonneliers, L'Arbousier.

Lézignan-Corbières
Knapp 5 km vom Kanal entfernt liegt Lézignan-Corbières, dessen Weinmuseum einen Besuch wert ist (Taxi oder Fahrrad).

Olonzac
Kleine Stadt, rund 2 km von der Brücke von Homps entfernt. Geschäfte, Banken und 2 Bars.

Restaurants: Du Minervois, Pizzeria Le France. Auberge de l'Escale: bei der Schleuse von **Ognon** (wird von deutschem Ehepaar betrieben).

Homps bis Argens:
5 Schleusen, 6 km, 2,5 Stunden

Argens-Minervois
Hügeliges Dorf mit Bäckerei/Lebensmittel und einem Café. Anlegemöglichkeit bei der Brücke mit einer Snackbar (nur während der Saison geöffnet). Der älteste Bau im Ort ist das Schloss (14. Jh.).

Argens bis Roubia:
1 Schleuse, 5 km, 1 Stunde.

Roubia
Dorf mit allen Einkaufsmöglichkeiten, Postamt, Weinhändler. Restaurant: der Besitzer holt Sie vom Boot ab (Tel. 04 68 27 33 95).

Roubia bis Paraza:
keine Schleusen, 2,5 km,
25 Minuten

Paraza
Kleines Dorf mit zwei Lebensmittelhändlern und einem Bäcker. Gute Aussicht vom obersten Punkt des auf einem Hügel gelegenen Ortes. Weinverkostung und Einkaufsmöglichkeiten beim Château de Paraza oben im Ort. Anlegestelle mit Rastplätzen. Restaurant Le Coup de Foudre.

Außerhalb des Ortes beschreibt der Kanal eine 180-Grad-Kurve und überwindet einen kleinen Wasserlauf mit einem 11 Meter langen Aquädukt (angeblich das älteste des Canal du Midi).

Paraza bis Ventenac:
keine Schleusen, 2,5 km,
30 Minuten

Ventenac d'Aude
Kleines Dorf mit Bäcker, Fleischhauer, Lebensmittelhändler, Postamt. Anlegemöglichkeiten mit Rastplätzen beim Weinkeller. Restaurant Le Coustelou Rustical.

Das runde Feld von Montady

Eine besondere Sehenswürdigkeit ist das kreisrunde Feld von Montady (Etang de Montady). Es entstand aus einem See, der im 13. Jh. trockengelegt wurde. Wie es zu dem streng geometrischen Aussehen mit den tortenförmigen Feldern kam, wird durch zwei unterschiedliche Erklärungen beleuchtet: die eine sagt, dass der See trockengelegt und die Felder drainagiert wurden; die Wasserableitung soll sich genau in der Mitte befunden haben. Viel wahrscheinlicher ist die andere Version (denn der trockene Boden benötigt eher eine Bewässerung denn eine Drainage): der See trocknete aus; es wurde ein Brunnen gegraben, und um die Felder gleichmäßig mit Wasser zu versorgen, wurden sie in dieser „gerechten" Form angeordnet.

Das Feld ist heute ein Naturdenkmal und darf in seiner einmaligen Form nicht verändert werden. Zu erkennen ist die Anlage am besten vom Oppidum d'Enserune aus.

Ventenac bis Le Somail: keine Schleusen, 5 km, 45 Minuten

Le Somail

Gute Anlegestellen in diesem wegen seiner Brücke, der angebauten Kirche aus dem 17. Jh. und der beiden daneben befindlichen Restaurants attraktiven Dorf (es besteht nur aus einer Handvoll Häuser). Ehemalige Station für Passagierboote. Der dominante Turm war ein Eisturm, in dem auch im Sommer Eis gelagert wurde. Keine Einkaufsmöglichkeiten, aber man kann auf der D 607 nach St.-Marcel radeln, wo man auch Geschäfte findet.

Restaurants: Lou Somaillou (heißt wirklich „Lou" und nicht „Le"; gehobene Klasse, Kinder werden nicht gerne gesehen). Empfehlenswert: L'O à la Bouche (Allée des Cyprès, Tel. 04 68 46 30 57).

Porte Minervoise

Kein Ort, sondern eine Anlegestelle mit einem Verkaufs- und Informationskiosk für regionale Produkte (Wein, Paté, Oliven, Honig, Marmelade und Gemüse) und Kunsthandwerk. Unterhalten wird dieser Kiosk von den örtlichen Tourismus-Verbänden. Sie erhalten dort Informationen zur Region und können auch Plätze in Restaurants reservieren lassen.

Le Somail bis Port la Robine: keine Schleusen, 3 km, 30 Min.

Port-la-Robine
Hier zweigt der Verbindungskanal (Canal de Junction) ab, der über Narbonne zum Mittelmeer führt. Dies war die ursprüngliche Führung des Canal du Midi, ehe man den Anschluss zum Etang de Thau herstellte. (Bescheibung sh. S. 44)

Port-la-Robine bis Argèliers: keine Schleusen, 4,5 km, 40 Minuten

Argelièrs
Kleine Ortschaft, rund 1 km vom Kanal entfernt. Gute Einkaufsmöglichkeiten.
Restaurant La Montio (Fischspezialitäten, Palmengarten). Bei der alten Kanalbrücke liegt das Restaurant „La Chat qui pèche" (fischende Katze), das unterschiedliche Kritiken hat. Im Zentrum des Ortes: Restaurant La Terrasse.

Argelièrs bis Capestang: keine Schleusen, 16 km, 2,5 Stunden

Capestang
Capestang hat eine weit zurückreichende Geschichte, wie Funde von steinzeitlichen Werkzeugen sowie westgotische Gräber und 50 römische Häuser belegen. Noch im Mittelalter wurde hier Salz gewonnen. Der Midi führt auf einer kleinen Anhöhe neben dem Ort vorbei, man hat von der Anlegestelle einen guten Ausblick über die Dächer. Bis zum Zentrum mit seiner Kirche aus dem 15. Jh. sind es bloß 5 Minuten. Städtchen mit allen Einkaufsmöglichkeiten, Postamt, Apotheke.

Restaurants: La Batellière, Le Relais Bleu.

Capestang bis Poilhès: keine Schleusen, 6 km, 1 Stunde

Poilhès
Nettes Dorf mit römischem Ursprung und besonders guten Anlegestellen; zwei Lebensmittelläden. Hier bietet sich die Möglichkeit zur Weinverkostung; römische Ruinen und Funde.

Restaurants: Bar de l'Etang, La Tour Sarrasine, La Romaine.

Poilhès bis Colombiers: keine Schleusen, 6 km, 1 Stunde

Tunnel von Malpas
Ältester Kanaltunnel der Welt, 160 Meter lang. Er durchquert einen Hügel, auf dessen Kuppe das Oppidum d'Enserune zu finden ist.

Oppidum d'Enserune
Überreste einer iberischen Siedlung auf einem steilen Hügel, die von 600 v. Chr. bis 100 n. Chr. bewohnt war. Besichtigung: am Westende des Tunnels anlegen und den Hügel von der Nordseite besteigen (2 km). Bei heißem Wetter Trinkwasservorräte nicht vergessen, oben gibt es keine Erfrischungen! Ausgrabungen mit archäologischem Museum, Ausblick auf den trockengelegten kreisförmigen See von Montady (Etang de Montady).

Das Museum ist Juli und August von 9.30 bis 19 Uhr geöffnet, in der Vor- und Nachsaison von 10 bis 12 und von 14 bis 16.30 Uhr.

Öffnungszeiten der Schleusentreppe:

Abwärts 8,00–9.30 und 13.30–15.30 Uhr; aufwärts 10.00–11.45 u. 16.00–19.00 Uhr. **Bitte beachten Sie die Angaben bei Ihrem Abfahrtsort bzw. bei den Wartezonen der Schleusentreppe, da sich die Zeiten je nach Saison ändern!**

In einer Schleusenkammer der
Schleusentreppe von Fonsérannes.

Früher führte die Schleusentreppe von Fonsérannes in den Fluss Orb hinunter.
Heute biegt man aus der letzten Kammer rechts zum Aquädukt ab.

Der Hafen von Béziers bietet
gute Anlegemöglichkeiten.

Gedränge beim Abwärtsschleusen: die Schleusenwärter von Fonsérannes „stopfen" die Schleusen voll . . .

Bild oben und rechts: das Aquädukt von Béziers.
Bild ganz rechts: Markt in Capestang.

. . . Die Boote werden händisch von einer Kammer in die nächste gezogen, und schon bald löst sich der „Stau" auf.

Der Wasserkeil von Fonsérannes

Eigentlich wurde der Wasserkeil von Fonsérannes gebaut, um Frachtschiffe hinauf- oder hinunterzuheben und dabei möglichst Wasser zu sparen. Als er fertig war, wurde die Frachtschifffahrt auf dem Midi eingestellt. So steht er nun den Freizeitbooten zur Verfügung – wenn er gerade wieder einmal funktioniert. Der Schleusenwärter teilt ein, ob man die Schleusentreppe oder den Wasserkeil benützt. Eine Zeitlang wurde das so gehandhabt, dass man mit dem Keil hinauf- und über die Treppe hinunterfuhr. Doch in letzter Zeit mehren sich Berichte, dass der Wasserkeil wegen seiner Undichtheit vorläufig stillgelegt sein soll. Und da die Kanalbehörde eventuelle Wasserknappheiten durch einen neuen Speichersee weiter oben am Kanal in den Griff bekommen hat, dürfte es keine vorrangige Notwendigkeit (und auch kein Geld) für Reparaturen des bislang nicht dauerhaft funktionierenden Wasserkeils geben.

Colombiers

Kleines Dorf, gute Anlegestellen im Schatten. Lebensmittelladen, Bäcker, Fleischhauer und Postamt. Ein Teil der Via Domitia (römische Straße) wurde kürzlich freigelegt.

Restaurant: Le Château mit Terrasse zum Essen im Freien, direkt am Kanal, jedoch auf einer Anhöhe und von einer hohen Mauer umgeben.

Colombiers bis Béziers: 7 km:

Schleusentreppe von Fonsérannes mit 7 Schleusenkammern sowie die „Ecluse de l'Orb". Je nach Wartezeit bei der Schleusentreppe 1 Stunde bis 1 Tag.

Das Aquädukt von Béziers

Nachdem man die Schleusentreppe heruntergestiegen ist, überquert man den Fluss Orb auf dem bekanntesten Aquädukt Südfrankreichs, um anschließend in das Hafenbecken von Béziers zu gelangen. Das Aquädukt wurde im 19. Jh. errichtet, um die (wegen ständig wechselnden Wasserstandes) unsichere Überquerung des Flusses zu vermeiden. Früher stieg man über die Schleusentreppe direkt zum Orb hinab. Die letzte Kammer ist nun gesperrt und der Verbindungskanal zum Orb stillgelegt.

Béziers

Große Stadt mit 80.000 Einwohnern; Kathedrale auf der Spitze des Hügels. Alle Einkaufsmöglichkeiten vorhanden, Banken, Bahnhof nahe des Kanals. Das Stadtzentrum liegt 20 Minuten vom Hafen entfernt. Festival klassischer Musik im Juli, Stierkämpfe im August.

Restaurants: Viele und alle Arten in der Stadt. In der Nähe des Kanals: L'Origan, La Pêcherie.

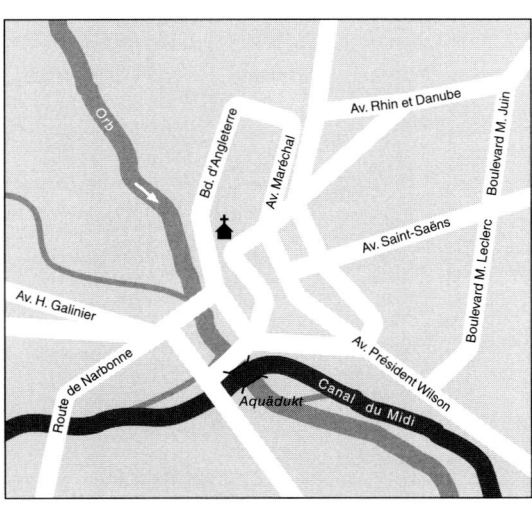

Béziers

Béziers bis Villeneuve:
3 Schleusen, 6 km, 1,5 Stunden

Villeneuve-les-Béziers
Ort mit allen Läden und einer Bank. Schattige Anlegestellen. Fischzucht (Forellen und Flusskrebse) neben dem Kanal. Interessante gotische Häuser.

Restaurants: Pizzeria; Hôtel-Restaurant du Commerce. L'Ecluse: sehr empfehlenswert (bei der Schleuse).

Villeneuve bis Portiragnes:
1 Schleuse, 4,5 km, 1 Stunde

Portiragnes
Kleines Dorf nahe der Kanalbrücke mit allen Einkaufsmöglichkeiten. Kein Restaurant. Von der Brücke aus gelangen Sie nach rund 2 km zum Meeresstrand, wo in einer Touristensiedlung (Plage de Portiragnes) alle Einkaufsmöglichkeiten vorhanden sind.

Portiragnes bis Port Cassafières:
keine Schleusen, 4,5 km, 45 min.

Bei der Brücke Pizzeria La Gardiane und ein Reitstall. Nur 1,5 km bis zum Meeresstrand bei La Redoute.

Port Cassafières
Privater Hafen.Restaurant La Battellerie.

Port Cassafières bis Vias:
keine Schleusen, 3,5 km, 30 min.

Vias
Ortschaft in 1,5 km Entfernung vom Kanal. Gute Einkaufsmöglichkeiten und einige Restaurants. Kirche aus 1400, erbaut aus Vulkangestein. Weinverkostungen.

Von der Brücke bei Vias kann man bequem das Meer erreichen (Farinette plage).

Vias bis Agde: keine Schleusen,
5 km, 50 Minuten

Die finstere Kathedrale von Agde

Die Kathedrale St.-Etienne stammt unverändert aus dem 12. Jh. und ist eine Wehrkirche, die aus großen Basaltblöcken (Vulkangestein) errichtet wurde. Das einzige „fremde" Element ist ein Turm aus dem 16. Jh., dessen Spitze von einem Blitz beschädigt wurde. Die Kirche sieht aus wie eine drohende Burg und ist innen noch düsterer, als man es von außen erwarten würde.

Agde
Die Stadt Agde entstand um einen alten griechischen Hafen. Gilt als zweitälteste Stadt Frankreichs. Alle Einkaufsmöglichkeiten und viele Restaurants, von denen die meisten auf Fischgerichte spezialisiert sind. Anlegemöglichkeiten im neuen Hafen vor der Rundschleuse. Zum Stadtzentrum sind es zu Fuß 15 Minuten.

Agde bis Marseillan:
3 Schleusen, 10,5 km,
2,5 Stunden

Nach der Rundschleuse trifft der Kanal auf den Fluss Herault, der auf 800 Meter Länge stromaufwärts befahren wird, bis man wieder zum Canal du Midi kommt. Die Einfahrt in den Kanal ist nicht besonders deutlich gekennzeichnet, also achtgeben!

Im Juli und August wird auf dem Fluss Herault vor der Kathedrale ein beliebtes „Lanzenstechen zu Wasser" durchgeführt. Nähere Infos zu den aktuellen Veranstaltungen erhalten Sie in den Fremdenverkehrsbüros von Agde und Marseillan.

Nach Überquerung des Flusses folgt eine 7 km lange Kanalstrecke mit 2 Schleusen, bevor man in den Étang de Thau gelangt. Dies ist ein Salzwasser-See, in dem Austern und Muscheln gezüchtet werden (sh. S. 56).

Eine Besonderheit für Eisenbahn-Freunde: eine Eisenbahn-Hebebrücke verbindet eine Fabrik mit den Bahnanlagen am anderen Ufer.

Man bummelt mit dem Hausboot gemächlich durch die Landschaft und legt an, wo es einem gerade gefällt.

Das Hausboot als schwimmendes Appartement mit kompletter Ausstattung:
Erholung und Entspannung für die gesamte Familie.

Mit großem Geschick steuern die Kapitäne der Hotel-Péniche ihre Schiffe durch die engen Kurven des Kanals. Zum Größenvergleich: im Hintergrund ein Hausboot.

Die Schleusen am Canal du Midi wurden in ovaler Form errichtet, um die Strömung entlang der ursprünglich aus Lehm bestehenden Wände zu verringern.

*Die Brücke von Le Somail am Canal du Midi. Praktisch an dem kleinen Dorf
ist das (leider sehr teure) Restaurant gleich am Ufer.*

*Die Tomatenfelder erstrecken sich auf
weiten Strecken entlang des Kanals.
Kein Wunder, dass die kleinen
Verkaufsstände in den Orten
stets frische Produkte anbieten
können.*

Der Zweigkanal nach Narbonne und Port-la-Nouvelle

Von Port-la-Robine bis Port-la-Nouvelle: 31,5 km, 13 Schleusen.

Der Canal de Junction und der Canal de la Robine bilden eine Einheit, die den Canal du Midi bei Port-la-Robine mit dem Mittelmeer bei Port-la-Nouvelle verbindet. Trennlinie der beiden Kanäle ist der Fluss Aude, der diesen Kanalabschnitt bei Sallèles d'Aude kreuzt. Die beiden Kanalabschnitte sind auch unter dem Namen „Embranchement de la Nouvelle" bekannt.

Canal de la Robine

Sieben Schleusen vom Midi bis zum Fluss Aude.

Der Canal de la Robine ist der engere, aber auch der ruhigere Abschnitt des Zweigkanals von La Nouvelle. Rechnen Sie mit mindestens vier Fahrtstunden von Port-la-Robine (am Midi) bis Narbonne (10 Schleusen).

Sallèles d'Aude
Ein nettes Dorf mit römischen Ausgrabungen und den wichtigsten Geschäften: Bäcker, Fleischhauer, Lebensmittelladen und ein kleiner Supermarkt haben in der Hauptsaison bis 20 Uhr geöffnet. 2 Bars.
Restaurants: Pizzeria Chez Hervé und Les Ecluses.

Canal de Junction

Von Sallèles in Richtung Narbonne, gleich nach der Schleuse von Gailhousty, kommen Sie zum Fluss Aude. Fahren Sie rechts und halten Sie sich stromaufwärts, bis Sie zum Seil kommen, das hier über den Fluss gespannt ist. Queren Sie dort den Fluss und fahren Sie stromabwärts, wobei Sie sich knapp ans rechte Ufer halten. Dadurch umfahren Sie eine Sandbank in der Mitte des Flusses.

So gelangen Sie in die Schleuse von Moussoulens, die ständig offen ist (außer, wenn der Fluss einen höheren Wasserstand hat).

Narbonne
Eine wunderschöne Stadt mit rund 45.000 Einwohnern, die 118 vor Christus gegründet wurde. Sie finden zahlreiche Zeugen vergangener Zeiten und ein reiches kulturelles und architektonisches Erbe: neben anderen die nicht fertiggestellte Kathedrale St.-Just, das erzbischöfliche Palais oder das archäologische Museum. Ein neuer Sport-Komplex bietet ein Schwimmbad (Halle und Freibad) sowie Bowling. Natürlich finden Sie in Narbonne alle Einkaufsmöglichkeiten.

Die Anlegestellen in Narbonne sind gut ausgebaut.
Man gelangt mit dem Boot direkt ins Zentrum.

Manchmal trifft man noch auf das Leben
vergangener Zeiten: Wäsche waschen im Kanal . . .

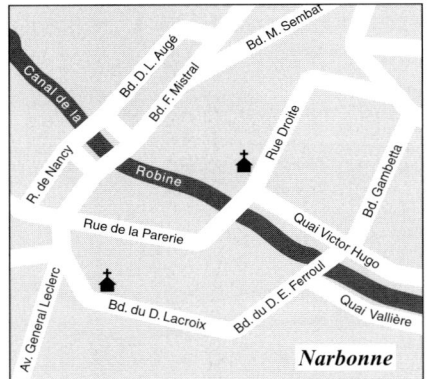

Narbonne

Im Lapidarium des Erzbischöflichen Palais erwartet Sie eine umfangreiche Sammlung von romanischen Skulpturen, die aus den ehemaligen Kirchen der Stadt stammen. Das Palais selbst ist aus dem 11. Jh. und wurde später mehrmals vergrößert (13.–17. Jh.). Aus dem 12. Jh. stammt die Kirche St.-Paul-Serge.

Restaurants: Le Petit Comptoir, Le St.-Germain, L'Olibo, L'âme des poètes, Pizzeria La Brasucade und zahlreiche andere.

Narbonne bis Port la Nouvelle: 4 Fahrtstunden, 2 Schleusen.

Der Kanal verläuft zwischen zwei Etangs auf der Ile Ste.-Lucie, einem Naturschutzgebiet mit Wanderwegen.

Port-la-Nouvelle

Ein Seehafen, der für Touristen jedoch kaum etwas bietet. Anlegemöglichkeiten im Kanal, im Hafen sind Freizeitboote nicht erlaubt.

Am besten halten Sie bereits in der Nähe der Schleuse Ste.-Lucie, von der aus Sie bequem das Meer erreichen können.

Der Sandstrand befindet sich in geringer Entfernung. Das Baden in den Etangs, die der Kanal durchquert, ist verboten und gefährlich. Alle Einkaufsmöglichkeiten in Port la Nouvelle.

Restaurants: Le St.-Michel, Le Casimir, La Rascasse.

*Ob die Fische im Kanal
auch wirklich beißen?*

*Im Zentrum Narbonnes fährt man
durch den „Keller" eines Hauses.*

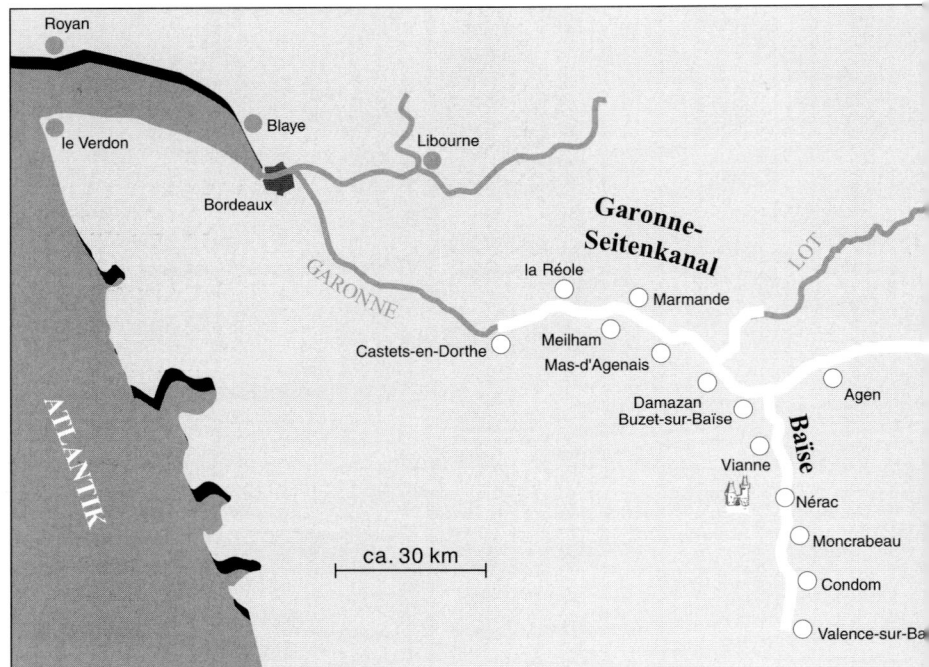

D er Canal du Midi (bitte beachten Sie Seite 24) führt vom Étang de Thau bis Toulouse. Er wurde 1681 fertiggestellt. Ab Toulouse befuhr man die Garonne, um nach Bordeaux zu gelangen. Dies war ein gefährliches Unterfangen für die schlecht manövrierbaren hölzernen Transportboote und stromaufwärts obendrein anstrengend und langsam.

Erst durch den Bau des Canal latéral á la Garonne bis Agen 1850 und dann weiter bis Castets (1856) hat sich die Situation verbessert. Fast zwei Jahrhunderte nach dem epochalen Bauwerk des Paul Riquet, der mit dem Canal du Midi eine Verbindung zwischen Mittelmeer und Atlantik schuf, wurde mit dem Garonne-Seitenkanal ein unter allen Witterungsbedingungen „betriebssicherer" und schneller Wasserweg geschaffen, der auch unter den Begriffen „Canaux du Midi" (Kanäle des Midi) und „Canaux des deux mers" (Kanäle der zwei Meere) bekannt ist.

Mietboote dürfen den Garonne-Seitenkanal nur bis Castets befahren. Der Abschnitt von Castets bis Bordeaux ist reiner Fluss ohne Schleusen, nämlich die Garonne, die wegen der Strömungen (Ebbe und Flut sind weit bis ins Landesin-

Der Garonne-Seitenkanal

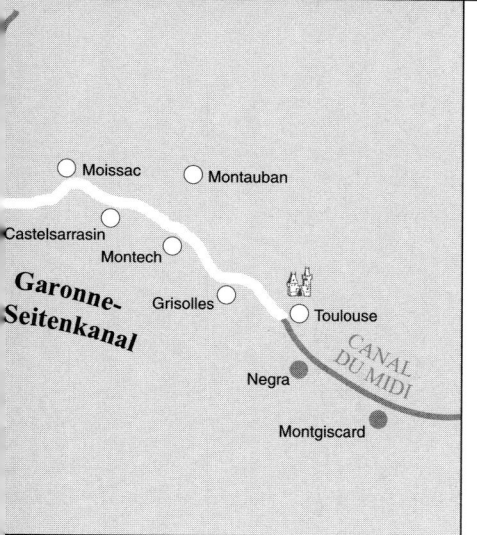

Canal latéral à la Garonne lautet die französische Bezeichnung der „Verlängerung" des Canal du Midi von Toulouse zum Atlantik.

Äusserst interessante Abschnitte bieten die Baïse und der Untere Lot, beide von Buzet aus erreichbar.

nere spürbar) und aufgrund der starken kommerziellen Schifffahrt für Mietboote gesperrt ist.

Die Schleusen am Garonne-Seitenkanal funktionieren nach einem einheitlichen System: rund 100 Meter vor der Schleuse hängt eine Stange an einem über den Kanal gespannten Seil.

Diese Stange muss man drehen (Vierteldrehung), um die Schleusenautomatik in Gang zu setzen. Rotes bzw. grünes Licht zeigt an, ob man in die Schleuse einfahren darf. Von Toulouse weg geht es Richtung Bordeaux am Kanal stets bergab. Das Wasser zur Versorgung des Kanals kommt aus der Garonne.

Von Toulouse bis Castets-en-Dorthe: 194 km, 53 Schleusen.

Toulouse
Siehe Seite 27. Von Toulouse fast bis Grisolles fährt man praktisch nur durch Industriegebiet.

Grisolles
Kleines Städtchen mit Heimatmuseum; Einkaufsmöglichkeiten.

Montech
Dieses kleine Dorf ist wegen seines Wasserkeils bekannt: er überwindet eine Höhe 13 Metern und umfährt dabei eine fünfstufige Schleusentreppe.

Ähnlich dem Wasserkeil von Fonsérannes bei Béziers wird durch ein bewegliches „Stauschild" ein Boot samt dem dazugehörigen Wasser bergauf und bergab bewegt – in Montech durch zwei gewaltige lokomotivähnliche Maschinen auf besonders breiten Gummirädern.

Montauban

Über einen Zweigkanal mit einer Länge von 10 km und 9 Schleusen war die Stadt Montauban zu erreichen. Vor der letzten Schleuse, die in den Fluss Tarn führt, endete der befahrbare Abschnitt. Leider ist der Kanal seit einiger Zeit gesperrt, er soll jedoch bald wieder geöffnet werden. Die Stadt hat rund 50.000 Einwohner und bietet eine sehenswerte Altstadt mit ihren Häusern aus dem 17. bis 19. Jh. Die Brücke über den Tarn (Pont Vieux) stammt aus dem 14. Jh.

Castelsarrasin

Stadt mit rund 10.000 Einwohnern; hier gab es bereits in der Steinzeit eine Siedlung. Zahlreiche alte Bauwerke sind Zeugen der bewegten Geschichte Castelsarrasins.

Moissac

Auf einer Kanalbrücke überquert man den Tarn, der in der Stadt parallel zum Kanal verläuft. Unterhalb von Moissac mündet der Tarn in die Garonne. Sehenswürdigkeiten: Kloster St.-Pierre (11. bis 13. Jh.), Palais aus dem 14. Jh. Man kann bei Moissac einen „Abstecher" auf den Tarn und den See von St.-Nicolas machen. Der See mündet in die Garonne, die Sie aber nicht mehr befahren dürfen.

Valence d'Agen

Direkt am Kanal sehen Sie ein Waschhaus (19. Jh.). Gespenstisch ist das Atomkraftwerk von Golfech am gegenüberliegenden Ufer.

Agen

Stadt mit knapp 50.000 Einwohnern und etlichen Sehenswürdigkeiten. Alte Strukturen sind kaum noch zu erkennen: die engen Gassen mussten zum Großteil einer „zeitgemäßeren" Gestaltung (seit dem 19. Jh.) weichen. Viel zu wenig bekannt ist die Tatsa-

che, dass hier ein immerhin 534 Meter langes Aquädukt (mit 23 Bögen) zu befahren ist, auf dem man die Garonne überquert. Agen ist berühmt für seine „Pruneaux d'Agen" (getrocknete Zwetschken = Pflaumen). Agen ist das Zentrum des in der Region sehr populären Rugby-Sports.

Buzet-sur-Baïse

Kirche und Schloss stammen aus dem 13. Jh. Am Ortsrand liegt die Cave Cooperative (Weinbaugenossenschaft); Möglichkeit zur Verkostung.

Restaurant Le Goujon qui Frêtille

Von hier kann man einen Abschnitt des Flusses Baïse befahren, der durch Wehre mit Schleusen schiffbar gemacht wurde.

Le Mas d'Agenais

Das Dorf Le Mas d'Agenais, bereits von den Römern besiedelt, wird von einer Kirche aus dem 11. Jh. geprägt, in dem eine Besonderheit zu sehen ist: eine Kreuzigungsszene aus dem Jahr 1631 stammt von Meister Rembrandt persönlich.

Der Ort hat eine römische Vergangenheit (Pompejacum). Hier wurde die berühmte Venus von Mas gefunden, die im Museum in Agen ausgestellt ist.

Marmande

Rund 20.000 Einwohner; 2 km vom Kanal entfernt. Am besten von den Anlegestellen von **Pont-les-Sables** zu erreichen.

Marcellus

Unweit des Kanals sehen Sie ein Schloss, das in seinen Grundzügen aus dem 16. Jh. stammt.

Meilhan

Verträumtes Dorf auf einer Anhöhe über dem Kanal.

Castets-en-Dorthe

Hier heißt es für Mietboote umdrehen, da die Schleuse in die Garonne hinunter nicht mehr durchfahren werden darf. Zu sehen gibt es eine alte Festung und eine romanische Kirche.

Der Untere Lot *(sh. Plan auf S. 48)*

Vom Garonne-Seitenkanal (bei Buzet) kann man ein kleines Stück den Lot hinauffahren. Dazu muss man die Garonne überqueren. Ein spektakuläres Unterfangen, da dies nur mit Hilfe eines Schleppschiffes (neuerdings auch per Lotse) gestattet ist (Gebühr: 15 Euro). Die Schleusen sind automatisch und werden mittels Chipcard gesteuert. Nur Castelmoron wird von einem Schleusenwärter bedient. Von der Einmündung in die Garonne bei Nicole bis zum Ende des befahrbaren Abschnittes bei Villeneuve-sur-Lot sind es genau 50 km und 4 Schleusen. Da die Garonne im Frühjahr oft Hochwasser führt, ist der Untere Lot vom Garonne-Seitenkanal manchmal nicht zu erreichen.

Nicole
Die ehemalige englische Festung markiert den Zusammenfluss des Lot und der Garonne. Wer zum Croix du Pech de Berre hinaufsteigt, hat einen schönen Ausblick auf die beiden Flüsse.

Aiguillon
Bereits bei den Römern (ein Brückenpfeiler ist noch zu sehen) eine wichtige Siedlung, hatte sie im 12. Jh. errichtete Burg lange Zeit eine wichtige strategische Rolle. Fachwerkhäuser, zwei Schlösser und zwei romanische Kirchen machen den Ort sehenswert. Jazzfest am 1. Augustwochenende. Museum in der ehemaligen Kapelle, alte Mühle.

Clairac
Von der Benediktinerabtei, der das Städtchen ihre Entstehung verdankt, ist nur noch ein Turm über. Eisenbahn- und Puppenmuseum.

Castelmoron
Im maurischen Stil ist das Schloss von Solar errichtet (heute: Rathaus). Restaurant La Ferme de l'Isle.

Le-Temple-sur-Lot
Sehenswertes Schloss sowie eine Wasserpflanzen-Zucht, die man besichtigen kann. Restaurant Le Commanderie (empfehlenswert).

Saint-Livrade-sur-Lot
Kloster und Schloss (beide 12. Jh.) können besichtigt werden.

Casseneuil
Mittelalterliche Stadt mit romanischer Kirche.

Villeneuve-sur-Lot
Festungsstadt mit römischem Ursprung. Die Vieux Pont stammt aus dem Jahr 1282.

Castelmoron: anlegen vor dem Schloss.

Die Baïse *(sh. Plan auf S. 48)*

Die Baïse ist ein Nebenfluss der Garonne und über eine Schleuse mit dem Garonne-Seitenkanal verbunden. Sie liegt in der Gascogne, eine Region westlich von Toulouse (genau in der Mitte zwischen Toulouse und Bordeaux).

Nérac, Vianne, Lavardac, Buzet: das sind Städtchen, die man in Reiseführern vergeblich suchen wird. „Zum Glück", denken die Hausboot-Fahrer, denn so gehören wahre Schmuckkästchen ihnen ganz allein.

Seit kurzem nämlich kann man vom Garonne-Seitenkanal aus auch das Flüßchen Baïse befahren, das einen langen Dornröschenschlaf hinter sich hat. Vor 60 Jahren war hier der letzte Transporter unterwegs, und seit dieser Zeit ist es still geworden in diesem herrlichen Teil der Gascogne.

Die Zeit scheint stehengeblieben, wenn man hier unterwegs ist. Mächtige Befestigungsanlagen tauchen unvermutet auf, man fährt unter uralten steinernen Bogenbrücken hindurch und legt an den ehemaligen Kais der Verladestellen an, wo früher die von Pferden und Maultieren gezogenen Kähne beladen wurden.

Die Landschaft ist stark hügelig, der Fluss schlängelt sich sehenswert durch einen unberühten „Urwald". Ausgedehnte Obstplantagen und vereinzelt Weinfelder prägen das Bild. Die Baïse hat eine sehr geringe Strömung und ist sehr schmal – gerade ein paar Meter breiter als der Garonne-Seitenkanal. Der typische Apéritif der Gascogne ist der Floc, der aus Armagnac und Traubensaft bereitet wird. Die Region ist bekannt für ihre Enten- und Gänse-Spezialitäten sowie für Apfeltorten und Apfelgerichte aller Art.

Früher gab es hölzerne Schleusen, heute erhält man in Buzet eine Chip-Card, mit der man die Schleusen bedienen kann. Zum Öffnen der Tore schiebt man die Card ein. Nach der Einfahrt des Bootes wird die Card wiederum eingeschoben, um die Schleuse zu füllen oder zu entleeren – so schnell und einfach geht das mit den automatischen Schleusen an der Baïse.

Zwischen Buzet und Lavardac sollte man nur an gekennzeichneten Stellen anlegen: alles andere ist Privatgrund.

Buzet-sur-Baïse
Über eine Doppelschleuse steigt man hier vom Garonne-Seitenkanal in die Baïse hinunter. Sh. S. 50.

Feugarolles
Am Fluss liegt das Schloss von Trenquéléon aus dem 17. Jh. Reste der Kirche und des 1130 gegründeten Klosters. Weinverkostung.

Vianne
Ehemals englischer Festungsort aus dem 13. Jh., Reste der Anlagen (Mauern und Tore) sind noch vorhanden. Kirche aus dem 12. Jh., Glaserzeugung (Besichtigung möglich). Unterhalb von Vianne: Glasbläserei (05 53 97 55 05.)

Barbaste
Hauptattraktion sind eine Brücke aus dem Mittelalter und eine befestigte Mühle (die mit ihren vier unterschiedlichen Türmen eher einer Burg gleicht) an einem Nebenfluss der Baïse.

Sie können direkt in der Altstadt anlegen. Zahlreiche Sehenswürdigkeiten: z. B. Reste römischer Bauwerke, ein Palais, Stadtkirche und Park mit Brunnen, Museum. Im Schloss (direkt am Flussufer) der Familie Albret wurde Heinrich IV. geboren. Heute ist nur noch einer der ehemals vier Flügel über, sowie ein Turm, der als Treppenhaus dient.

Das alte Gerberviertel (Quartier des tanneries) wird heute liebevoll restauriert.

Nérac war vom Mittelalter bis ins 18. Jh. das Zentrum von Kunst und Kultur in der Region und für rauschende Feste und ausschweifenden Lebenswandel bekannt. Weinfest am 3. Sonntag im August.

Fréchou
Sollten Sie gerade am 3. Sonntag im August an der Schleuse von Lapierre vorbeikommen: von hier haben Sie es nur 4 km bis Fréchou, und dort finden genau dann die alljährlichen Weltmeisterschaften im Melonenkern-Weitspucken statt. Sie wollen mitmachen? Dann heisst es üben. Der Weltmeister schafft fast 13 Meter!

Montcrabeau
Schloss aus dem 13. Jh. (Privatbesitz) Die Besonderheit neben Schwimmbad und Tennisplatz: Am ersten Sonntag im August finden hier die Meisterschaften der Lügner statt; Organisator ist die Akademie der Lügner. Restaurant le Phare (05 53 65 42 08).

Condom
Kleine Stadt mit interessanten Bauwerken. Hier hat sich die öffentliche Verwaltung der schönsten kirchlichen Gebäude bemächtigt: der Unterpräfekt sitzt in der ehemaligen erzbischöflichen Residenz, das Rathaus ist im Obergeschoß eines früheren Klosters untergebracht, und die Gemeindeverwaltung hat es immerhin zu einem Kirchenbauwerk gebracht.

Armagnac-Museum. Gleich beim Hafen gibt es eine Weinverkostung. Mehrere Restaurants.

Flaran
Die Abtei von Flaran, knapp oberhalb der Schleuse 21, stammt aus dem 12. Jh. Sie gilt als ein vorbildlich erhaltenes Zisterzienser-Bauwerk und ist heute ein Kulturzentrum. Schaugarten mit Heil- und Gewürzkräutern.

Valence-sur-Baïse
Hier endet derzeit der befahrbare Abschnitt der Baïse. Der Ort ist noch als Wehranlage zu erkennen, er wurde 1274 von Zisterziensermönchen auf einem Hügel erbaut.

Dem Mittelalter auf der Spur im „Burgund des Südens"

Die Baïse ist sicher der interessanteste Wasserweg, den man in Südfrankreich befahren kann.

Weit abseits des Tourismus stößt man auf sehenswerte Orte und Landschaften sowie eine interessante Gastronomie. Daher: Die Baïse ist unser „Geheimtipp" für Hausboot-Urlauber. Übrigens: noch ist dort auch wenig Bootsverkehr!

Aquitanien wird auch als
„Burgund des Südens" bezeichnet.

Das Städtchen Nérac hat seinen mittelalterlichen Charakter bewahrt.
Hier endet der 27 km lange befahrbare Abschnitt der Baïse.

Bild oben: Die Baïse führt mitten durch Orte.

Bild links oben: die Schleuse von Buzet.

Bild links: Schloss Albret in Nérac.

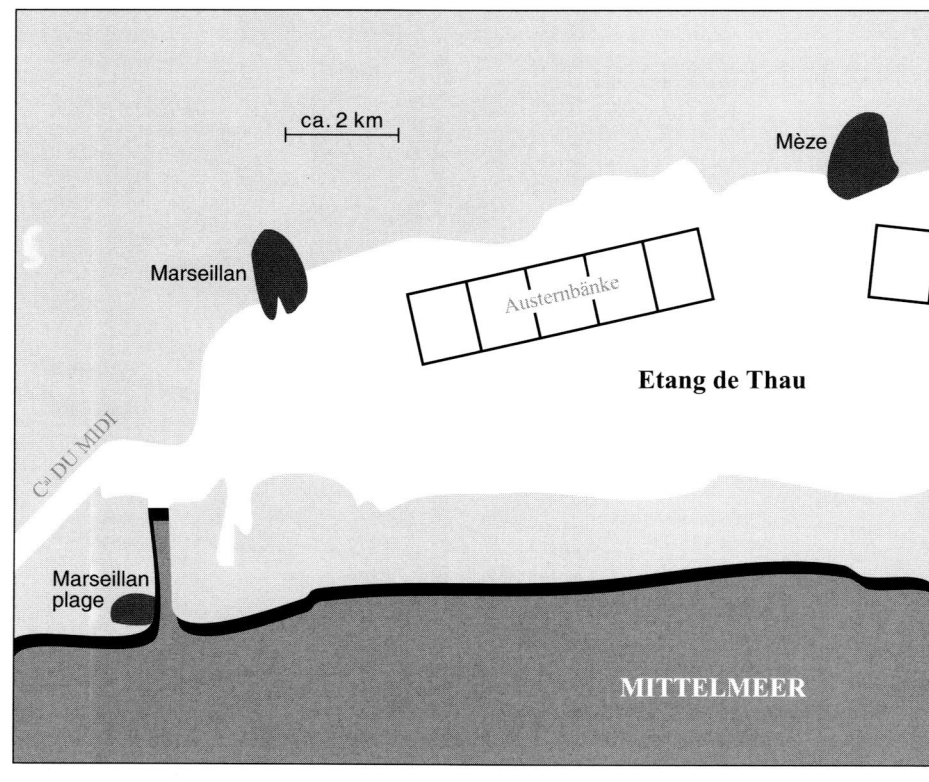

Der Étang de Thau ist ein Salzwassersee mit einer Längsausdehnung von rund 16 km. Vom Meer ist er nur durch einen wenige hundert Meter breiten Sandstreifen getrennt. An seinem nördlichen Ufer befinden sich einige nette Fischerdörfer. Markantes Merkmal dieses Étangs sind seine Austernbänke, die beinahe ein Viertel der gesamten Wasseroberfläche bedecken.

Bevor Sie den Étang de Thau befahren, kontrollieren Sie bitte, ob Sie die vorgeschriebene Sicherheitsausrüstung an Bord haben (Schwimmkörper, Schwimmwesten, Signalraketen). Das Fahren bei Nacht ist strengstens verboten. Bei gutem Wetter macht das Überqueren des Etang de Thau keinerlei Schwierigkeiten, bei Wind jedoch muss man sehr vorsichtig sein. Kommt der Wind vom Landesinneren, können Sie zum flachen Ufer abgetrieben werden und

> Das Befahren des Etang de Thau ist bei Windstärken von mehr als 3 Bft (19 km/h) verboten. Wettervorhersagen sind tel. abzurufen unter 08 36 68 02 34 (franz. Wetterdienst) oder 04 67 46 34 97 (Hafenamt Sète).

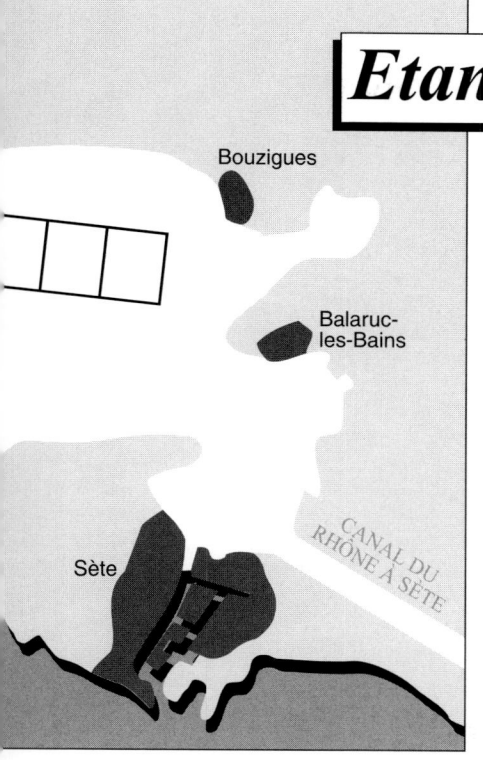

Etang de Thau

Bouzigues

Balaruc-les-Bains

Sète

CANAL DU RHÔNE À SÈTE

So orientieren Sie sich bei der Überquerung des Étangs

Von Agde aus kommen Sie beim Hafen Les Onglous vom Midi in den Étang. Rechter Hand befindet sich ein Leuchtturm. Wenn Sie diesen erreicht haben, sehen Sie geradeaus den Hügel von Sète und die Schornsteine einer Fabrik. Letztere sind Ihre Orientierungshilfe: fahren Sie gerade auf sie zu, dann überqueren Sie den Étang genau im Kanal (Fahrrinne).

Aus dem Canal du Rhône á Sète kommend, fahren Sie von der Bucht von Sète ins freie Wasser. Halten Sie dann genau auf den vor Ihnen liegenden Hügel Mont St.-Loup zu. So gelangen Sie direkt in den Canal du Midi.

aufsitzen. Dies ist nicht sonderlich gefährlich, dafür aber unangenehm. Gefährlich ist jedenfalls der Wind, der vom Meer bläst: da kann es Ihnen passieren, dass Sie in die Austernbänke getrieben werden, aus denen es kein Entrinnen mehr gibt, wenn sich das Boot erst einmal darin verhängt hat. Das Boot kann schwer beschädigt werden. Fahren Sie stets in der Mitte des Etang, wo sich die Fahrrinne befindet. Zum Ansteuern der Hafenorte wählen Sie eine kurze Direktverbindung von der in der Wasserkarte eingezeichneten Fahrrinne aus.

Bei Wellengang „kreuzen" Sie am besten, um ein Schaukeln des Bootes zu vermeiden. Kommen Sie niemals dem südlichen Ufer (Richtung Meer) zu nahe, weil es sehr flach ist. Halten Sie ebenso Abstand von den Austernbänken, da die Fischer neugierige Touristen dort gar nicht gerne sehen.

Am Abend sollten Sie nicht mehr mit der Durchquerung beginnen, weil Sie sonst nicht mehr bei Tageslicht ankommen. Rechnen Sie mit 2 bis 3 Fahrtstunden.

Marseillan

Beim Leuchtturm von Les Onglous biegen Sie (vom Midi kommend) links ab, wo Sie in 2 km den Hafen sehen. Dieses nette Fischerdorf wurde bereits 500 Jahre v. Chr. gegründet und bietet alle Einkaufsmöglichkeiten. Dienstag ist Markttag.

Erwähnenswert ist Noilly Prat, ein bekannter Likör-Erzeuger mit seinem Weinkeller am Kai. Sie können dort Wermuth verkosten (und natürlich kaufen). Anlegegebühr zwischen 6 und 20 Euro/Nacht (je nach Länge des Bootes).

Restaurants: Château du Port, Le Glacier, Le Boulevard.

Mèze

Der nächste Hafen im westlichen Küstenabschnitt. Die wenigen Anlegestellen sind oft überlaufen. Alle Einkaufsmöglichkeiten. Forschungs- und Zuchtzentrum für Tropenfische. Anlegegebühr zwischen 5 und 19 Euro. Restaurants: Le Pescadou, Rest. du Port.

Bouzigues

5 km von Mèze Richtung Osten. Ein typischer Fischerhafen, bekannt für seine Muschel-gerichte. Die Austernzucht wird in einer kleinen Ausstellung erklärt. Alle Einkaufsmöglichkeiten. Restaurant La Madrague. Anlegegebühr zwischen 5 und 20 Euro.

Balaruc

Anlegen nur für kurze Zeit erlaubt, dort nicht übernachten (Wind). Heilquellen, Tauchzentrum.

Sète

Ein heute bedeutender Meereshafen, der von Paul Riquet 1666 gegründet wurde, um dem Canal du Midi einen Zugang zum Mittelmeer zu bieten. Mietboote sind meist zu hoch, um unter den niedrigen Brücken der Stadt durchzufahren (gefährlich!). Daher legt man am besten vor der Eisenbahnstation an. Bei Wind dort nicht übernachten, diese Anlegestellen sind dem Wind voll ausgesetzt. Alle Einkaufsmöglichkeiten, viele Restaurants, die meisten auf Fischgerichte spezialisiert. Stadtrundfahrt mit einem „Mini-Zug" (der auf der Straße fährt) möglich. Ein Besuch der örtlichen Fischhändler lohnt sich. Umzüge im Mai und Schifferstechen im Juni.

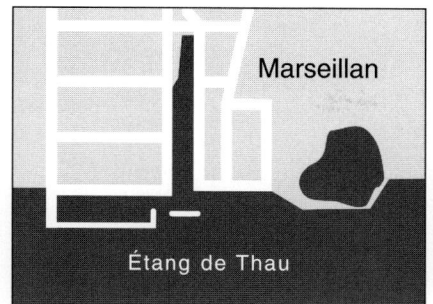

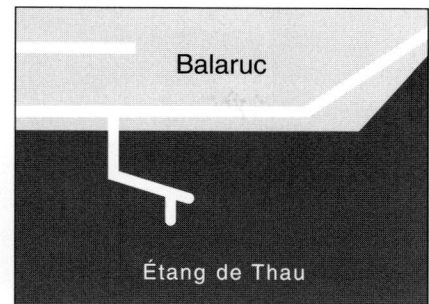

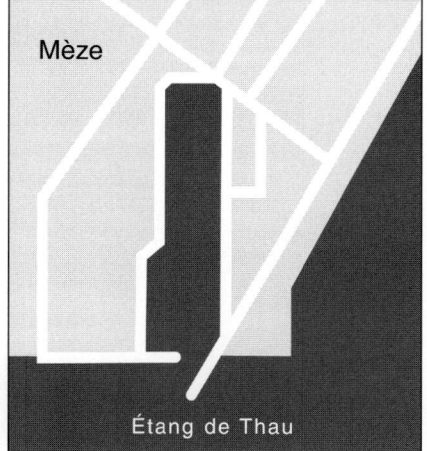

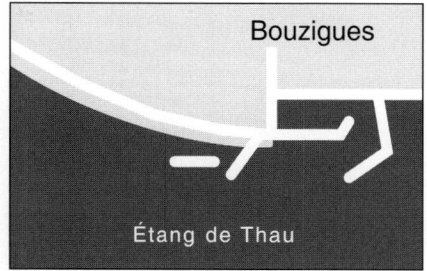

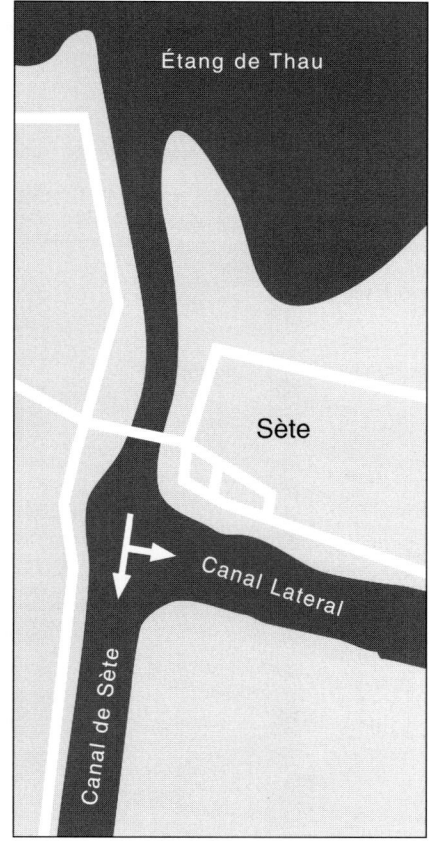

Die Orte am Étang de Thau.

*„Château du Port" nennt sich ein ausgezeichnetes
Fischrestaurant im Hafen von Marseillan.*

Foto: Klaus Demantke

Cabanes ist ein armseliges Fischerdorf geblieben, obwohl es von „Touristen-Hochburgen" wie La Grande Motte umgeben ist.

Foto: Erich Weitzer

Die „Portes de garde a Guillotin" schützen den Canal du Rhône à Sète, wenn der Fluss Vidourle Hochwasser führt.

Canal du Rhône á Sète *(Camargue)*

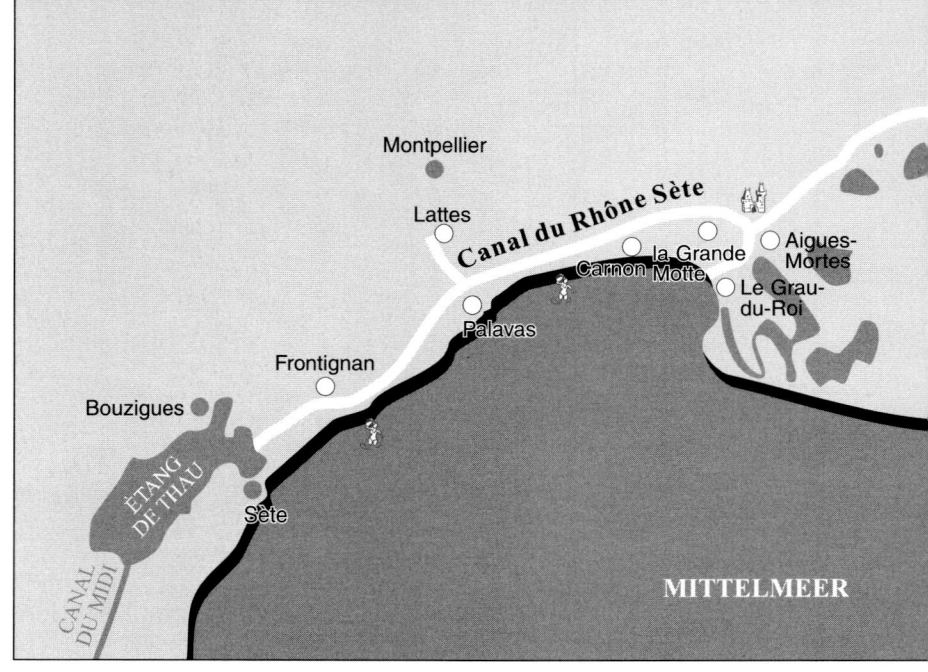

Der Kanal durchquert einen Teil der Camargue. An seinem untersten Ende (bei Sète) führt er durch einen Industrie-Bezirk, der in starkem Kontrast zur Unberührtheit der übrigen Strecke steht.

Zwischen Sète und Aigues-Mortes beeindruckt der Kanal mit kleinen Seen und Sümpfen und seiner überreichen Fauna: beispielsweise Flamingos, Fischadler sowie Biber und andere Nager. Vogelschwärme fliegen auf, wenn Sie sich ihnen mit dem Boot nähern, und abends hören Sie ihren Gesang im nahen Moor.

Die weite Ebene wird vom Meer einerseits und von einer Bergkette (Cévennes) andererseits begrenzt. Der Kanal folgt der Mittelmeerküste (Golf du Lyon). Nützen Sie die Gelegenheit zu Ausflügen an die Sandstrände.

Vor Aigues-Mortes führt er in die Camargue. Die Ufer sind schilfbewachsen,

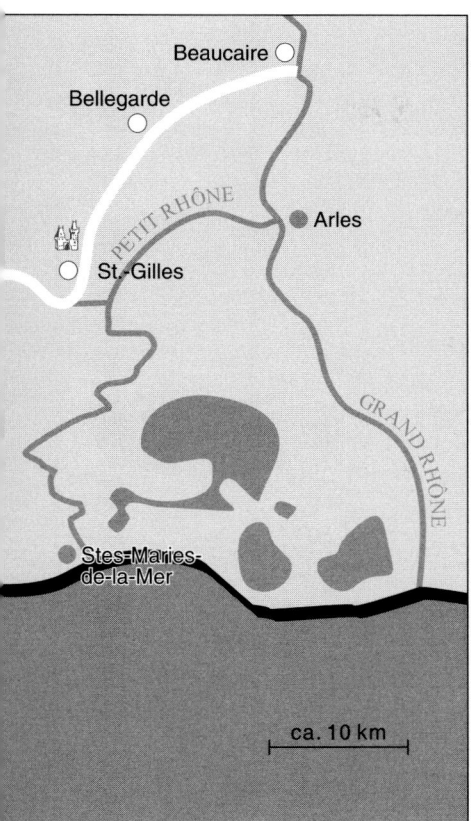

Flamingo-Schwärme in geringer Entfernung gehören bald zum Alltag des Bootsfahrers.

ca. 10 km

und möglicherweise entdecken Sie Herden wilder weißer Pferde oder einen schwarzen Camargue-Stier. Flamingos sind „mit Garantie" dabei!

Der Kanal ist 97 km lang und hat nur eine einzige (automatische) Schleuse, knapp unterhalb von Beaucaire. Im ersten Abschnitt sind die Kanal-Ufer durch Untiefen bzw. steinige Böschungen nicht überall so, dass sie zum Anlegen einladen (etwa bis Palavas).

Halten Sie sich beim Fahren also besser in der Kanalmitte oder suchen Sie in dieser Gegend einen Hafen auf – jeder Touristenort hat einen.

Montpellier

Über den Fluss Lez kann man von Palavas aus 6 km bis Lattes fahren. Von dort ist es bis Montpellier nur noch ein Katzensprung.

Montpellier ist eine alte Universitätsstadt, deren Zentrum auf einem Hügel liegt und enge Gassen und dreieckige Plätze aufweist. Ein wunderschöner Wasserturm ist hier zu sehen („Château d'Eau" an der Promenade du Peyrou), von dem man einen guten Ausblick über das Umland hat. Ein fast 900 Meter langes Aquädukt mit zwei Arkadenbögen übereinander versorgt diesen Wasserspeicher. Der Botanische Garten ist einer der ältesten von Europa. Gleich nebenan befindet sich die Kathedrale St.-Pierre (14. Jh.). Am lebendigsten ist die Altstadt am Place de la Comédie und an der Esplanade mit ihrer Baumallee.

Detaillierte Informationen können Sie jedem Reiseführer entnehmen. Sie erhalten sie auch direkt im Fremdenverkehrsbüro an der Place de la Comédie.

Sète bis Frontignan: 4,5 km, 50 Minuten (keine Schleusen)

Frontignan

Wehrkirche aus dem 12. und 14. Jh. Ein Heimatmuseum ist in einer ehemaligen Kapelle untergebracht. Alle Einkaufsmöglichkeiten, Bank, Restaurants. Weinkeller mit Verkostung. Markttag ist Samstag und Sonntag.

Die Öffnungszeiten der Brücke: Montag bis Samstag um 7.00, 13.00 und 16.30 Uhr, sonntags und feiertags um 9.00 und 17.00 Uhr (Änderungen beachten!).

Frontignan bis Palavas: 18 km, 3,5 Stunden (keine Schleusen)

Abbaye de Maguelonne

Abtei auf einer Insel im Sumpf, bei der schwimmenden Drehbrücke (ca. 3 km vor Palavas). Diese von Richelieu 1622 errichtete Anlage ist der letzte Rest einer ehemaligen Hafenstadt, die im 2. Jh. von den Phöniziern gegründet wurde.

Palavas-les-Flots

Fischerdorf, das zu einem Spaziergang in den netten Hafen einlädt. Alle Einkaufsmöglichkeiten, gute Fisch-Restaurants am Hafen. Montpellier liegt 10 km den Fluss Lez hinauf (6 km befahrbar); für einen Tagesausflug gut geeignet (siehe links).

Lattes

Am Fluss Lez; ehemaliger Seehafen mit allen Einkaufsmöglichkeiten und vielen Restaurants.

Palavas bis Carnon: 5 km, 50 Minuten (keine Schleusen)

Carnon

Anlegemöglichkeit bei Cabanes de Perols am gegenüberliegenden Ufer, da man mit dem Boot nicht nach Carnon gelangt. Alle Einkaufsmöglichkeiten, einige Restaurants.

Carnon bis La Grande Motte: 10 km, 1,5 Stunden (keine Schleusen)

La Grande Motte

Im Jahr 1967 wurde diese Stadt aus dem Boden gestampft. Zu ihrer Zeit war sie als Beispiel einer futuristischen Architektur gedacht. Alle Einkaufsmöglichkeiten, viele Restaurants. Öffentlicher Golfplatz

La Grande Motte bis Aigues-Mortes: 10 km, 1,5 Stunden (keine Schleusen)

Aigues-Mortes

Befestigte Stadt mit Stadtmauern und Türmen aus dem 13. Jahrhundert. Aigues-Mortes (der

Mit dem Boot gelangt man durch Randgebiete der Camargue, die per Auto gar nicht erreichbar sind.

Name bedeutet übrigens „Tote Wasser") lag einst am Meer, zahlreiche Kreuzfahrer stachen von hier in See. Doch innerhalb von 300 Jahren ist die Küste versandet. In der Umgebung finden Sie Weingärten, die durch Eiben-Hecken vor dem Wind geschützt werden.

Richtung Meer sehen Sie spitze Hügel aus Meeressalz, das dort in eigenen Becken gewonnen wird. Ein Rundgang auf den Stadtmauern ist sehr empfehlenswert, ebenso ein Besuch der mächtigen Tour de Constance, von der Sie einen herrlichen Ausblick auf die Stadt sowie in die Camargue und Ihren Wasserweg haben.

Alle Einkaufsmöglichkeiten und zahlreiche Restaurants. Anlegegebühr im Hafen: 15 bis 20 Euro für eine Nacht, je nach Bootslänge.

Hinter Aigues-Mortes kommen Sie in die eigentliche Camargue, eine große Tiefebene, die von der Rhône aufgeschüttet wurde. Am Horizont verschmilzt der tiefblaue Himmel mit einem sumpfig-bläulichen Land voll Sonne und Salz.

Die vom Wind geformte Vegetation ändert ihre Farben von Grün bis Rot, je nach Jahreszeit. Ein Großteil der Camargue steht unter strengem Naturschutz; mit dem Boot haben Sie einen guten Einblick in einen kleinen Teil dieses Gebietes.

Aigues-Mortes bis Le Grau-du-Roi: 5,5 km, 1 Stunde (keine Schleusen)

Le Grau-du-Roi

Der Kanal nach Grau-du-Roi ist nicht sehr tief, halten Sie sich also stets in der Mitte. Anlegemöglichkeiten für Freizeitboote an den Pontons. Nicht im Fischerhafen anlegen! Alle Einkaufsmöglichkeiten und zahlreiche Restaurants. Gute Bademöglichkeiten im Meer.

Man kann nach Grau-du-Roi auch über den Fluss Vidourle gelangen. Er ist sehr seicht, geben Sie also acht und halten Sie sich in der Flussmitte.

Der Kreuzritter-Hafen Aigues-Mortes

Bereits 1170 nutzen die Templerritter den Standort des heutigen Aigues-Mortes als Hafen zur Verschiffung ihrer auf der „Ile de Stel" (bei Port-la-Nouvelle) gezüchteten Pferde. Und Louis IX. (St.-Louis) errichtete hier 1248 einen uneinnehmbaren Festungsturm, der noch heute Wahrzeichen der Stadt ist und seit dem 14. Jh. „Tour de Constance" heißt. Aigues-Mortes war ein wichtiger Militärhafen, von dem aus die Ritter zum VII. und VIII. Kreuzzug aufbrachen.

15 Türme und 10 Tore schützen die Stadt, die von einer 11 Meter hohen Mauer umgeben ist. Mit dem Bau dieser Verteidigungsanlagen wurde 1272 begonnen.

Das interessanteste Bauwerk der Stadt ist sicherlich der Tour de Constance. Mit seiner Höhe von 52 Metern war er ursprünglich als „Wohngebäude" für seinen Erbauer gedacht, wenn er sich in der durch Kriege und Räuberbanden unsicheren Gegend aufhielt. Doch schon bald wurde ein Gefängnis daraus, in dem die jeweiligen Machthaber ihre unliebsamen Widersacher aus der Region einsperren ließen. So saßen einmal 45 Templer in dem Verließ, später auch zahlreiche Landadelige, die sich das Mißfallen ihres Herrschers zugezogen haben. Die berühmteste Insassin war Marie Durand, die als Achtjährige eingesperrt wurde und es 38 Jahre lang blieb, weil sie nicht von ihrem protestantischen Glauben ablassen und zum Katholizismus übertreten wollte.

In einer Gedenkstätte und einer beeindruckenden Schau wird die Geschichte des Turmes dargestellt. Eine Besichtigung ist eigentlich ein Muss auf jeder Reise durch die Camargue!

Aigues-Mortes bis Gallician: 11 km, 2 Std. (keine Schleusen)

Gallician

Dorf, rund 1 km vom Kanal entfernt. Restaurant, Lebensmittel und ein guter Weinhändler. Führungen in die Camargue.

Gallician bis Franquevaux: 4 km, 45 Minuten (keine Schleusen)

Franquevaux

Kleines Dorf, das nur eine Bar (mit Lebensmittelhändler) hat. Cave coopérative mit Weinverkostung und Einkaufsmöglichkeit.

Franquevaux bis St.-Gilles: 11,5 km, 2 Stunden (keine Schleusen)

St.-Gilles

Typische Kleinstadt der Camargue mit knapp 10.000 Einwohnern, die alle Einkaufsmöglichkeiten bietet. Freibad und Sportplatz, geführte Pferdewanderungen in die Camargue. Auskunft im Fremdenverkehrsbüro. Die Abteikirche von St.-Gilles-du-Gard zeigt die Entwicklung des Benediktinerklosters seit seiner Gründung im 7. Jh durch zwei architektonisch unterschiedliche Ebenen. In der im 11. Jh. begonnenen romanischen Krypta befindet sich das Grab des Hl. Gilles. Die romanische Abteikirche wurde im 12. Jh. in drei Bauabschnitten errichtet. Romanische Skulpturen auf der Stirnseite. Das dreiteilige Kirchenportal erinnert an einen Triumphbogen. Sehenswert ist auch die Wendeltreppe „Vis des St.-Gilles" und die romanischen Fassaden, die an einigen Häusern noch erhalten sind.

Restaurants: Le St.-Gillois, La Rascasse und einige andere.

St.-Gilles bis Bellegarde: 11,5 km, 2 Stunden (keine Schleusen)

Bellegarde

Anlegestelle vor der Brücke (1,5 km vom Ort entfernt). Alle Einkaufsmöglichkeiten.

Restaurant Grill.

Bellegarde bis Beaucaire: 11 km, 1 Schleuse, 2,5 Stunden

Schleuse von Nourriguier

Elektrische Schleuse zur Selbstbedienung mit mehrsprachiger Anleitung. Funktioniert ganz einfach: es gibt nur zwei Knöpfe; drückt man den falschen, passiert gar nichts. Beim richtigen öffnen und schließen sich die Tore automatisch und das Wasser wird ein- bzw. ausgelassen. Ab 18 Uhr geschlossen.

Beaucaire

Vom 13. bis 19. Jh. war Beaucaire einer der wichtigsten Handelsorte Europas. Von dieser ruhmreichen Vergangenheit ist heute nicht mehr viel zu merken, sieht man von einigen wenigen Architektur-Details ab. Die 15.000 Einwohner zählende Stadt ist der Zwillingsort von Tarascon am gegenüberliegenden Rhône-Ufer (dort liegt auch der Bahnhof). Besuchen Sie das Rathaus, die Kirche „Notre Dame des Pommiers" mit Friesen aus dem 12. Jh. oder die mittelalterliche Burg, die die Stadt beherrscht. In der Nähe von Beaucaire liegt das in den Felsen gehauene Kloster St.-Roman-d'-Aiguille mit seinen Höhlenwohnungen. Von den Burgruinen hoch über dem Ort hat man einen guten Ausblick über das Rhônetal.

Petit Rhône

Die Petit Rhône führt von St.-Gilles nach Arles bzw. flussabwärts nach Saintes-Maries-de-la-Mer. Ein Befahren dieses Flusses wird von den meisten Bootseignern untersagt. Wer es probieren will: lassen Sie sich an Ihrem Abfahrtsort eine Genehmigung dafür erteilen. Zusätzlich müssen Sie sich an der Schleuse in St. Gilles nach aktuellen Empfehlungen und Bestimmungen erkundigen. Wegen starker Strömung und Untiefen vor allem für Anfänger ungeeignet.

Die weißen Pferde der Camargue – als wilde Herden
oder als ausdauerndes Reittier.

*Stiere spielen für die Landwirtschaft und für den Tourismus
(unblutige Stierkämpfe und -feste) eine wichtige Rolle.*

*Naturerlebnis der besonderen Art:
anlegen und Pferde streicheln ...*

69

*Die gewaltigen Befestigungsanlagen von Aigues-Mortes
stammen aus dem 13. Jh.*

Foto: Dr. Franz Szalay

Weithin sichtbar: Tour de Constance in Aigues-Mortes.

Fisch und Meeresfrüchte sind die kulinarischen Begleiter einer Reise durch die Camargue und über den Etang de Thau.

*Ein Rundgang über die Stadtmauern von Aigues-Mortes lohnt
nicht nur wegen der ausgezeichneten Aussicht.*

Einen Platz zum Anlegen suchen,
und ab auf Erkundungstour . . .

Die Wasserpumpe surrt die ganze Nacht.
Die Dusche tropft.
Der Knoten hält nicht so, wie er soll.

Wenn Sie diese „Probleme" plagen, sollten Sie rasch nachschlagen,
wie man am besten Abhilfe schafft:

Hausbootfahren leicht gemacht
Tipps und Tricks für Hausboot-Urlauber.

Bestellmöglichkeiten auf Seite 143.

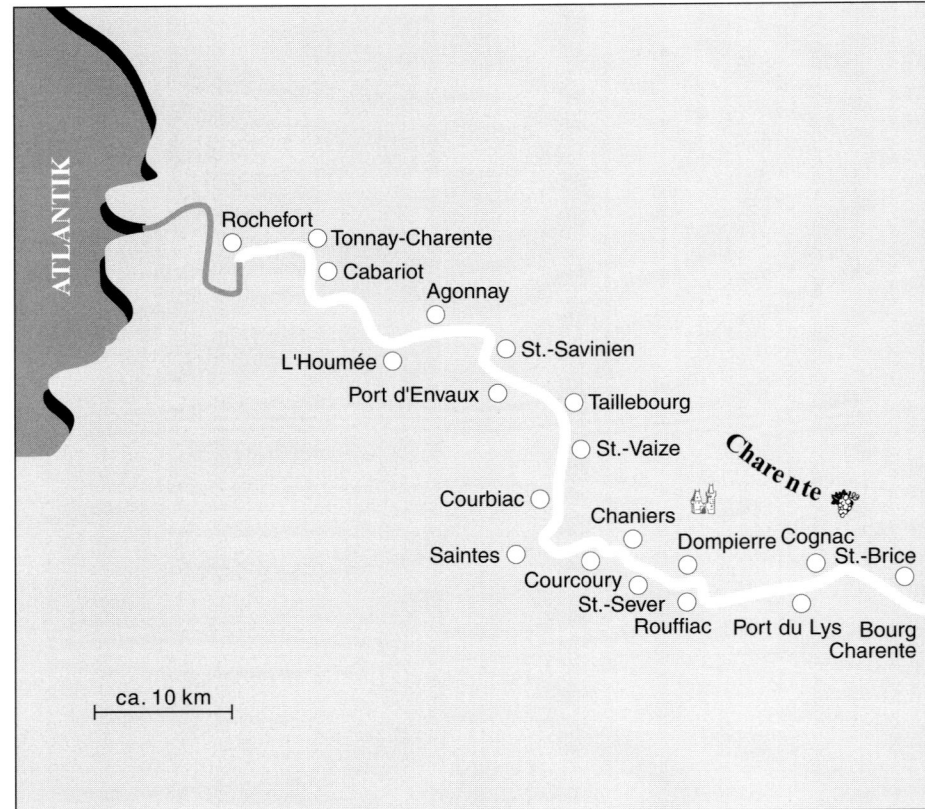

Heinrich IV. (um 1600) bezeichnete die Charente als den schönsten Fluss in seinem Königreich. Von einem Prospekt-Schreiber zum nächsten wird dieser Ausspruch überliefert, und jeder fügt hinzu, dass dem wirklich so sei. Daher gestatten Sie uns, dies hier ein wenig zu relativieren. Die Charente ist unbestritten ein schöner Fluss; das sind aber viele in Frankreich. Daher wollen wir hier nicht so sehr in den Superlativ verfallen, sondern uns eher darauf beschränken, einen Flusslauf zu beschreiben, der dem Boots-Urlauber eine Menge netter Stunden in einer schönen Umgebung bescheren wird.

Bereits zur Römerzeit wurde die Charente von Lastschiffen (allerdings nur im untersten Teil) befahren. Es gibt Aufzeichnungen, dass ab dem 10. Jh. Schiffe bis Cognac fuhren. Nur wenig später wurde Wein von hier direkt nach England verfrachtet.

Die Charente

Führungen zum Cognac

Im Fremdenverkehrsamt von Cognac kann man eine Führung durch eine Brennerei buchen, die eineinhalb Stunden dauert und von Montag bis Freitag stattfindet. Das Fremdenverkehrsamt befindet sich am Place Jean-Monnet, Tel. 05 45 82 10 71. Dort erhält man übrigens auch Informationen zu einer (Mini-)Bus-Rundfahrt über die „Cognac-Tour": diese führt in rund 3 Stunden durch die Weinberge und umfasst auch einen Halt bei einem Weinbauern (inkl. Verkostung). Die Kosten für diese Rundfahrt liegen bei rund 90 Euro (für den Bus). Das Gemeindemuseum beschäftigt sich in einer eigenen Abteilung natürlich auch mit der Geschichte und Herstellung des Cognac.

Jarnac
○ Bassac 🏰 Angoulême ○
○ ○ ○ Fléac ○
Gondeville Sireuil ○
○ ○ ○ St.-Michel
Angeac-sur- Nersac
Charente ○ ○ Mosnac
Châteauneuf-sur-Charente

Im 13. Jh. wurde der Hafen in Angoulême angelegt.

Benötigte man früher zwei Wochen von Rochefort nach Angoulême, so schafft man diese Strecke heute in drei, vier Tagen.

Zwischen Angoulême und Rochefort ist die Charente 140 km lang. Es gilt, 21 Schleusen zu bewältigen, 18 davon sind händische „Selbstbedienungsschleusen", 2 haben Schleusenwärter,

1,5 Millionen Flaschen pro Tag

In Cognac kann man nicht nur die harte Arbeit der Fassbinder kennenlernen (Besichtigung einer Fassbinderei mit ausführlichen Erklärungen ist möglich), es lädt auch eine der modernsten Glaserzeugungen Europas zum Besuch. Hier wird rund um die Uhr gearbeitet, auch am Sonntag, um täglich rund 1,5 Millionen Glasflaschen herzustellen. Die Flaschen werden übrigens nicht nur für Cognac verwendet – auch die Winzer von Bordeaux werden zu einem guten Teil von hier aus versorgt. Eine Besichtigung ist Montag bis Freitag am Nachmittag möglich und dauert etwa eineinhalb Stunden. Anmeldungen im Office de Tourisme am Place Jean-Monnet.

*Besonders im Oberlauf des Flusses beeindruckt
die idyllische Landschaft.*

eine ist automatisch. 120 km des Flusses werden von den Gezeiten nicht berührt und sind problemlos befahrbar. Da es hier keine Verbindungen zu anderen Flüssen oder Kanälen gibt, ist die Charente dem durchschnittlichen Hausboot-Fahrer eher nur für eine Woche zu empfehlen – wer wenig fährt und richtig genießt, findet hier aber auch für zwei Wochen ausreichend Umland für Erkundungsgänge.

Die Landschaft ist vielfältig: von Angoulême bis Saintes sind es Weinberge, die die Ufer flankieren, sonst dominieren große Wälder mit reichem Wildbestand und Wiesen. Sehr oft hat man den Eindruck, in einer menschenleeren Gegend zu sein, weitab jeder Zivilisation. Mit ihren Wassermühlen und den auf Anhöhen errichteten Orten erinnert die Charente an die Seille, einen kleinen Nebenfluss der Saône. Baden kann man hier ebenfalls.

Gastronomie

Die Gastronomie entlang der Charente bietet eine Vielzahl von Spezialitäten: Gegrillte Schnecken mit Petersil, gefüllter Kohl oder Lamm mit weißen Bohnen sind regionale Gerichte, die gerne auch mit Cognac flambiert oder mit Pineau abgeschmeckt werden. Weiters sind Lachs aus der Touvre, Hühner aus Barbezieux und Butter aus Charentes Spezialitäten des Departements.

Angoulême

Angoulême ist mit 50.000 Einwohnern die größte Stadt an der Charente. Von den Römern gegründet, liegt die Altstadt auf einem Hügel, einen Spaziergang vom Fluss entfernt. Die Befestigungsanlagen sind sehenswert. Von der alten Burg existieren nur noch zwei Türme (15. und 18. Jh.). Sehenswert sind weiters noch ein Renaissance-Haus und die ehemalige Franziskanerkapelle (Kapelle des Spitals). Die Kathedrale St.-Pierre stammt aus dem 12. Jh. Sie wurde 1562 von den Calvinisten zerstört und nach 1634 wieder aufgebaut. Diese Arbeiten dauerten ein Jahrhundert.

St.-Michel

Kirche aus dem 13. Jahrhundert. Am Fluss liegt eine Papierfabrik mit einem Papier-Museum. Unterhalb des Ortes (nahe der Schleuse von Fleurac) finden Sie das Schloss von Fleurac.

Saintes: eine der ältesten Städte der Region.

St.-Simeux

Dorf mit einer Wassermühle. Unterhalb des Ortes macht die Charente eine Biegung um 180 Grad.

Châteauneuf

liegt an der Biegung des Flusses und hat zwei sehenswerte Kirchen sowie etliche alte Häuser zu bieten.

Das Reiterdenkmal von Konstantin an der Fassade von Châteauneuf ist eines der wichtigsten Beispiele der romanischen Bildhauerkunst in der Region.

Bassac

Etwas unterhalb von Saintonge kann man mit einem kurzen Spaziergang die alte Abtei von Bassac erreichen. Sie wurde um 1100 erbaut und steht Besuchern offen. Schön langsam merkt man, dass man Cognac immer näher kommt: die Zahl der Brennereien nimmt zu, die Weinberge werden „dichter".

Jarnac

Das Schloss von Jarnac besitzt eine eigene Verbindung zur Charente. Bedeutender Ort in der Cognac-Produktion, Besichtigungen sind möglich.

Bourg Charente

Kleiner Marktflecken; hier gleitet man mit dem Boot an einem Schloss aus dem 17./18. Jh. vorbei.

Cognac

Schon seit geraumer Zeit ist jene Burg aus dem 16. Jh., die die Bootsfahrer so nett begrüßt, eine Brennerei. Die ganze Stadt scheint, wie schon ihr Name sagt, dem Branntwein und seiner Produktion verfallen zu sein. Dieser bedeutende Wirtschaftsfaktor wird auch touristisch entsprechend ausgenutzt. Immerhin hat man so die Möglichkeit, einige der Destillerien zu besichtigen. Reste der ehemaligen Festungsmauern sind noch zu sehen (Tor aus dem 15. Jh.).

Saintes

Eine der ältesten Städte der Region. An die Eroberung durch die Römer erinnern ein Denkmal und ein Museum. Es gibt hier eine Menge Kulturschätze zu sehen, beispielsweise eine Arena aus dem 1. Jh. Schon vom Fluss aus sieht man eine Kathedrale mit einem ziemlich dicken Turm.

Der Fluss wird nun deutlich breiter und die meisten Dörfer liegen in einiger Entfernung zur Charente, um vor Hochwässern sicher zu sein. Dr. Guillotine, der die nach ihm benannte Hinrichtungsmaschine erfunden hat, wurde hier 1738 geboren.

Bussac

Flussaufwärts liegt Château de Bussac (13. Jh.)

St.-Savinien

Rund 3.000 Einwohner. Kloster und Kirche aus dem 13. Jh. Netter Ort auf einer Anhöhe, der den Übergang zu einer komplett anderen Landschaft markiert. Das nun folgende Land ist flach, die Gezeiten sind spürbar.

Versumpfte und schlammige Ufer und Abschnitte machen die Gegend ab hier nicht besonders attraktiv.

Rochefort

Ende des mit Mietbooten befahrbaren Abschnittes.

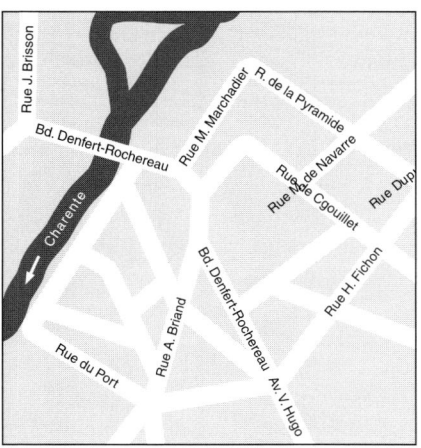

Rochefort – starker Fels mit Begonien

Der Finanz- und Marine-Minister König Ludwig XIV., Colbert, ließ die Stadt Rochefort gründen, um hier eine Werft zu errichten. Gleichzeitig wurde Rochefort als Garnisonsstadt konzipiert, um den Zugang über die Charente ins Landesinnere zu schützen.

Die rechtwinkelig angelegten Straßen lassen noch heute den ursprünglich militärischen Zweck der Niederlassung erkennen – wie auch der Name der Stadt: Rochefort bedeutet „Felsenfestung" bzw. „starker Fels".

Kommandant der Festung war übrigens ein gewisser Bégon, dessen Name in einer Blume weiterlebt, die er aus Südamerika importierte: die Begonie.

Die Corderie von Rochefort

Als bedeutende Werft verfügte Rochefort natürlich über eine große Seilerei, in der die Taue für die Schiffe hergestellt wurden.

Die sogenannte „Corderie" von Rochefort ist angeblich weltweit das einzige noch erhaltene Bauwerk seiner Art. Es ist knapp 400 Meter lang und neben dem Museum über die Schifffahrt (mit zahlreichen sehenswerten Modellen) eine der Attraktionen der Stadt.

Cognac

Der Lot

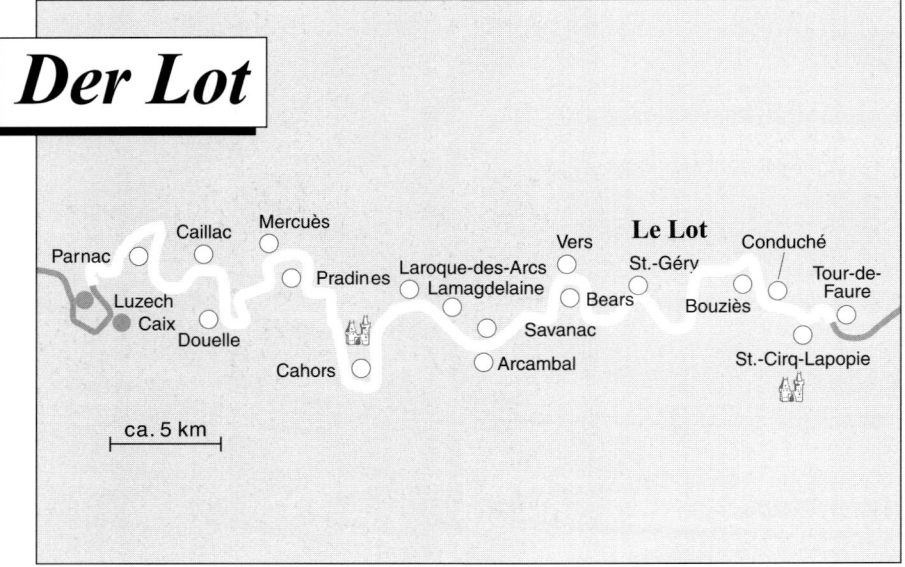

Mit einer derzeitigen Gesamtlänge von nur 65 befahrbaren Kilometern gehört der Lot zu den allerkürzesten Flüssen, die man mit einem Hausboot bereisen kann. Die auf diesem Abschnitt notwendigen 14 Schleusen mögen zwar etwas bremsen, aber in einer Woche hat man auch diese sowie die Flussstrecke mindestens einmal bewältigt.

Schade, dass der befahrbare Abschnitt des Lot eigentlich fast zu kurz ist, selbst für eine einwöchige Hausboot-Fahrt. Der Fluss selbst hat eine Verbindung zur Garonne, diese ist aber nicht schiffbar. Befahren kann man derzeit lediglich die Strecke zwischen St.-Cirq-Lapopie und Luzech.

Die Landschaft erinnert an einigen Stellen mit ihren steil abfallenden Felswänden stark an manche Abschnitte des Doubs in Zentralfrankreich, die Orte des Lot sind jedoch eindeutig faszinierender. Der Lot mäandriert stark, wobei er für eine abenteuerliche Umgebung sorgt. Viele Orte sind strategisch angelegt und in uneinnehmbare Felsklippen gebaut, wie St.-Cirq-Lapopie, Cénevières und Calvinac.

In Ermangelung von Flusskilometern, die man im Plan hätte abbilden können, ist die ECM-Wasserkarte Nummer 27 über den Lot, die erst kürzlich neu aufgelegt wurde (er ist ja erst ein paar Jahre befahrbar), voll von touristischen

Informationen, wie man es bisher von diesen Karten nicht gewohnt war. Natürlich alles in schönem Vierfarbdruck.

Das Angeln am Lot hat wieder Hochsaison. So werden jährlich 7.000 Hechte und 4.000 Kilogramm Rotfeder-Brut hier ausgesetzt.

Zudem soll es hier Schleie, Karpfen, Gründlinge und Weißfische geben. Für Auskünfte bezüglich des Angelns ist der Anglerverband des Départements zuständig: Telefon-Nummer 05 65 35 50 22 (in Cahors).

Die kulinarischen Besonderheiten sind Trüffeln und Ziegenkäse sowie zartes Lammfleisch; Cahors bietet den dazu passenden Wein.

Die Felsen des Oberen Lot sind zu einem „Wahrzeichen" dieser Strecke geworden. Hoch oben thronen wehrhafte Orte.

*Die berühmte Brücke von Cahors warTeil
der Stadt-Befestigung.*

*St.-Cirq-Lapopie: anlegen vor
einem historischen Monument . . .*

St.-Cirq-Lapopie

Dorf auf einer steilen Anhöhe, das als gesamte Anlage als historisches Monument eingestuft worden ist. Kirche aus dem 12. Jh., Ruine einer Burg aus dem 13. Jh. Zentrum der Töpferei der Region. Im Rignault-Museum finden Sie afrikanische und ozeanische Kunstgegenstände.

Pech-Merle (Cabrerets)

Steinzeitliche Malereien findet man in den Höhlen von Pech-Merle in Cabrerets, das mit dem Taxi von hier oder von Bouziès leicht erreichbar ist. Die Höhlen sind zwischen Ostern und Ende Oktober täglich von 9.45 bis 12.00 und von 13.30 bis 17.00 Uhr geöffnet.

Bouziès

Sehenswerte Felsen mit mittelalterlicher Festung.

Conduché

Im Spitz zwischen der Mündung des Flusses Célé in den Lot liegt das Schloss von Conduche.

Vers

Ruine aus dem 15. Jh.

Arcambal

Schloss in Privatbesitz, nicht öffentlich zugänglich.

Cahors

In einer Schlinge des Flusses gelegen, ist Cahors die wahrscheinlich wichtigste Stadt auf Ihrer Lot-Reise. Markantestes Merkmal ist die hohe Wehrbrücke (Valentrée-Brücke von 1300) mit ihren drei Türmen. Sehenswert sind die Altstadt mit ihren Arkaden und die Kathedrale St.-Etienne aus dem 11. Jh. Im städtischen Museum finden Sie eine Sammlung von Statuen und Gegenständen aus der gallo-romanischen Zeit.

Schloss von Caix

Eindrucksvolles Schloss aus dem 17. Jh., in dem die schwedische Königin einen „Wochenendsitz" haben soll.

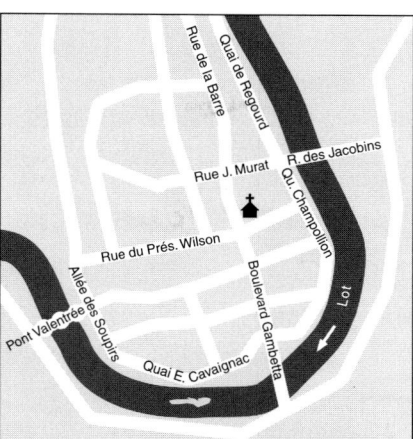

Cahors, Kultstätte der Gallier

Es soll eine heilige Quelle gewesen sein, die schon die Gallier besonders interessiert hat: Divona Carducorum war der erste Name für diese Ansiedlung, die stets ein Handelszentrum gewesen ist. Hier gab es bereits 14. Jh. eine Universität.

Die Stadt hat jedoch immer mehr an Bedeutung verloren und ist heute nur noch von touristischem Interesse. Zusammen mit der Schroffheit der umgebenden Landschaft, mit den steilen Felsen, die eine Ausbreitung des Ortes unmöglich gemacht haben, ist Cahors reich an Kulturschätzen baulicher Natur.

Hier einige Beispiele: Kirche St.-Barthélémy (14. Jh.); Château du Roi, das heutige Gefängnis, stammt aus dem 14. Jh. und war lange Zeit Sitz der königlichen Verwaltung; Kathedrale St.-Etienne aus dem 11. Jh.

Luzech

Umgeben von steilen Kalkfelsen, liegt Luzech in einer Schleife des Lot. Ende des befahrbaren Abschnittes. Archäologie-Museum, Kirche aus dem 14. Jh.

Canal du Midi
Narbonne-Sète-Le Somail-Narbonne
1 Woche; April

Narbonne: wo man durch die Keller der Stadt fährt

Der Kanal führt direkt ins Zentrum der Stadt. Wo Häuser im Weg stehen, fährt man einfach unter ihnen durch. Im Keller sozusagen.

Freitag, 20. 4.

Unsere Crew, bestehend aus sieben Personen im Alter von 22 bis 72 Jahren, startet um 7.00 Uhr in Linz. Mit dem VW-Bus fahren wir über Salzburg und Innsbruck nach Feldkirch. Nach dem Mittagessen geht es weiter durch die Schweiz nach Frankreich. Um ca. 21.00 Uhr erreichen wir die Stadt Annecy, wo wir in einem netten Hotel die Nacht verbringen.

Samstag, 21. 4.

Um 8.30 Uhr verlassen wir das Hotel und fahren Richtung Narbonne, wo wir um 15.00 Uhr ankommen. Wir melden uns im Büro von Connoisseur, wo uns unser Boot, „Flying Bridge Family 10", zugewiesen wird. Wir verstauen unser reichhaltiges Gepäck im Boot. Glücklicherweise ist das Boot so zweckmäßig ausgerüstet, dass wir alle Utensilien unterbringen.

Da wir eine ausgezeichnete Köchin in unserer Mitte haben, beabsichtigen wir, uns selbst zu versorgen. Daher kommt es uns sehr gelegen, dass sich an Bord gleich zwei Kühlschränke befinden. Nachdem wir uns häuslich eingerichtet haben, kommt ein freundlicher Herr der Charterfirma an Bord und erklärt uns in leicht verständlichem Englisch die Handhabung des Bootes. Anschließend laufen wir gleich aus, wobei uns der Instruktor behilflich ist und uns etwa 500 m begleitet. Nach der ersten Schleuse setzen wir die Reise allein fort. Nach dem Passieren zweier weiterer Schleusen kommen wir zur Kreuzung mit dem Fluss „Aude".

Da diese Stelle in der Karte als gefährlich angegeben wird, sind wir besonders vorsichtig. Der Fluss zeigt sich jedoch von seiner zahmen Seite, und wir fahren problemlos am gegenüberliegenden Ufer wieder in den „Canal de la Robine" ein. Dort ist jedoch für heute die Reise zu Ende, da die Schleuse bereits geschlossen ist.

Sonntag, 22. 4.

Gut ausgeruht erwachen wir am Morgen. Doch, oh Schreck! Es regnet in Strömen. Glücklicherweise verfügt das Boot über einen zweiten Steuerstand im Aufenthaltsraum. Allerdings liegt vor uns eine schleusenreiche Strecke. So läßt es sich nicht vermeiden, dass ein Teil der Mannschaft bei den An- und Ablegemanövern im Freien ziemlich naß wird. Meine Wenigkeit zieht es vor, als Kapitän im Trockenen zu bleiben und die feuchte Tätigkeit der Jugend zu überlassen. Leider dient der Scheibenwischer wohl nur zur Zierde, aber trotzdem kommen wir voran, und nach der siebenten Schleuse hört es zu regnen auf. Eh klar, denn jetzt sind wir bereits am „Canal du Midi", und die nächste Schleuse ist rund 40 km entfernt.

So tuckern wir durch die, wetterbedingt, etwas eintönige Gegend. Zwischendurch regnet es auch wieder. Ein wenig deprimiert erreichen wir Béziers, wo wir vor der dortigen Schleusentreppe zum Nächtigen festmachen.

Dieser Tag ist abzuhaken. Wir werden sehen, wie's weitergeht.

Montag, 23. 4.

Es ist nicht zu fassen! Ich sehe aus dem Fenster, und die Sonne kitzelt mich in der Nase. Die triste Stimmung ist sofort verschwunden. Auch die anderen Besatzungsmitglieder sind gut gelaunt. Na also! Zu Fuß gehe ich zur Schleusentreppe, um etwas über die Öffnungszeiten zu erfahren. Dort hat auch eine kleine Bäckerei bereits offen, wir können das Frühstück mit frischem Baguette und Croissants bereichern.

Nach dem Frühstück laufen wir in die Schleusentreppe ein, wo ein ziemliches Gedränge herrscht. Aber die Schleusenwärter regeln den ganzen Ablauf meisterhaft und humorvoll. Anschließend passieren wir die Kanalbrücke über den Fluss „Orb". Mit dem Schiff über die Brücke ist mal was anderes! Eine weitere Kuriosität ist für uns die runde Schleuse in Agde mit drei Toren. Wir sind ziemlich flott unterwegs und erreichen am späten Nachmittag bereits den Salzwassersee „Etang de Thau". Die meisten der uns begleitenden Boote laufen den nächsten Hafen in Marseillan an. Da das Wetter jedoch ausgezeichnet ist und kein Wind geht, wagen wir uns noch weiter auf den See und fahren an den Austernbänken entlang bis Mèze.

Hier legen wir im netten Hafen an, und ich benütze die Gelegenheit, mit den dort anwesenden deutschen Skippern ein wenig „Seemannsgarn" zu spinnen.

Weiter über den See geht es nach Sète, der Hafenstadt am Mittelmeer.

Leider können wir den Yachthafen nicht anlaufen, da eine Zugbrücke, die auch für unser Boot zu niedrig ist, den Weg versperrt. Sie wird zwar fallweise geöffnet, aber uns ist die Wartezeit zu lange. So legen wir vor der Brücke an und gehen zu Fuß in die Stadt und zur Küste.

Erfreulicherweise entdecken wir dort eine Bus-Haltestelle und fahren mit dem Linienbus zurück zum Schiff. Jetzt ist es Zeit, die Rückfahrt über den See anzutreten. Bei strahlendem Sonnenschein stechen wir wieder in See.

Nach einigen Kilometern ziehen jedoch schwarze Wolken auf, und es sieht nach Gewitter oder Sturm aus. So beschließe ich, sicherheitshalber nochmals den Hafen in Mèze anzulaufen. Dort erklärt uns ein einheimischer Fischer, dass das Wetter in Richtung Sète zieht und für uns keine Gefahr bestehe. Daher setzen wir die Fahrt zum Canal du Midi fort, und tatsächlich scheint auch bald wieder die Sonne. Wir kommen noch bis Portiragnes, wo wir vor der Schleuse übernachten.

Mittwoch, 25. 4.

Nachdem wir die Schleusentreppe bei Béziers aufwärts passiert haben, machen wir beim Tunnel von Malpas fest und besuchen das Oppidum d'Enserune mit seinen römischen Ausgrabungen. Anschließend bunkern wir in Capestang Trinkwasser.

Während das Wasser in den Tank läuft, hört man aus dem Motorraum ein Geräusch, dem ich jedoch keine Bedeutung beimesse. Ich nahm an, es sei die automatische Bilgepumpe. Als es jedoch zu rauchen beginnt, scheint es an der Zeit, etwas zu unternehmen. Nachdem der Batterie-Hauptschalter ausgeschaltet ist, erkennen wir die Ursache. Der Anlasser dürfte den ganzen Tag mitgelaufen und daher durchgebrannt sein. Da sich beim Stützpunkt in Narbonne nur der telefonische Anrufbeantworter meldet, nehme ich an, dass frühestens am nächsten Tag ein Mechaniker vorbeikommen werde. Umso größer ist die Freude, als bereits nach 20 Minuten der Servicetechniker erscheint und sogar einen neuen Starter mitbringt. Der Ersatzteil ist schnell gewechselt, und wir können unseren Weg fortsetzen. Da uns noch genügend Zeit bleibt, biegen wir nicht in den „Canal de la Robine" Richtung Narbonne ein, sondern fahren noch weiter den Midi entlang bis „Le Somail", wo wir die nächste Nacht verbringen.

Donnerstag, 26. 4.

Wir nützen die schleusenfreie Strecke und fahren noch weiter bis Roubia.

Nach dem Mittagessen wenden wir und dampfen zurück zum „Canal de la Robine", wo wir bei der ersten Schleuse um ca. 17.00 Uhr eintreffen. Die Schleuse ist geschlossen. Der Schleusenwärter döst in der Sonne. Ich frage, wann wir mit einer Schleusung rechnen dürften. „Fermé – geschlossen", sagt der Schleusenwärter, doch an seinem Lächeln merke ich, dass dies nicht ganz ernst gemeint ist. Nachdem ein 20-Franc-Stück den Besitzer gewechselt hat, werden seine Bewegungen sichtlich schneller, und im Nu sind wir durchgeschleust.

Er erklärt uns noch, dass auch die nächsten zwei Schleusen von ihm bedient werden, schwingt sich auf sein Moped und bereitet die nächste Schleuse vor. Bei der dritten Schleuse wartet bereits ein Kollege, der die nächsten beiden Schleusen betreut. Er empfiehlt uns, bis Sallèles zu fahren und vor der dortigen Schleuse zu nächtigen.

Freitag, 27. 4.

Als wir am Morgen frisches Brot kaufen wollen, kommt bereits der Schleusenwärter herbeigeeilt, um die Schleuse zu öffnen. Als wir ihm erklären, erst frühstücken zu wollen, teilt er uns mit, dass bereits ein zweites Boot hierher unterwegs sei, und wir dann gemeinsam die Schleuse passieren könnten. Anschließend kreuzen wir wieder die „Aude", und bald haben wir bereits wieder Narbonne erreicht. Es ist erst Mittag, und wir können noch ein kleines Stück weiterfahren. Im Stadtzentrum von Narbonne führt der Kanal direkt unter den Häusern durch, quasi durch den Keller. Mitten in einem herrlich angelegten Park legen wir an, um die Stadt zu besichtigen. Mein Fräulein Tochter nimmt ein unfreiwilliges Bad, und so haben wir Gelegenheit, ein „Mann über Bord"-Manöver durchzuführen. Nachdem die Kleidung wieder trocken ist, müssen wir wohl oder übel den Heimathafen anlaufen. Vor uns liegt die letzte Nacht an Bord.

Samstag, 28. 4.

Leider ist unser Törn bereits zu Ende, und wir müssen das Boot wieder übergeben. Obwohl es nicht unser erster Hausboot-Urlaub war, haben wir wieder viel Neues kennengelernt und freuen uns bereits auf das nächste Mal, wenn es wieder heißt „Leinen los"!

Georg Kammerer

Canal du Midi und Camargue
Einwegtour Narbonne-Beaucaire
11 Tage; Mai

Auf Aalfang unterwegs am Canal du Midi

Am Sonntag, dem 6. 5., trafen wir wie vereinbart unsere Freunde um 7.00 Uhr an der Bootsbasis in Narbonne. Wir vertrödelten den Vormittag in Narbonne, kauften Proviant und waren um 14.00 Uhr wieder an der Basis. Nach einer Einschulung durch Donald, den Basismanager, konnten wir um 16.00 Uhr losfahren. Nach 200 m kamen wir zur ersten Schleuse, und es herrschte dementsprechende Aufregung.

Das Schleusenmanöver klappte jedoch ohne Probleme. Bei der Querung des Flusses Aude übersah Otto allerdings fast die in der Flusskarte eingezeichnete Sandbank, und nur der hohe Wasserstand verhinderte ein Auflaufen. Alle weiteren Schleusen bis Sallèles d'Aude wurden gut passiert, und beide Crews waren in Hochstimmung.

Am Montag, dem 7. 5.,

war der Himmel vormittags bedeckt, und wir hatten viele Schleusen vor uns. Manche Schleusen waren sogar mit vier bis fünf Booten besetzt. Am Abend vertäuten wir die Boote bei Puchéric, kauften vorerst Proviant und spazierten dann einen Kilometer in den Ort. In einem typischen französischen Landwirtshaus empfahl uns der Patron „Trippes de Provence" – eine Spezialität der Gegend. Auf unsere Frage, ob das Essen gut sei, streichelte er mit der Hand seinen Magen.

Es waren Kuttelfleck, wirklich gut und schmackhaft zubereitet. Der Rotwein dazu tat ein übriges, um uns in Hochstimmung zu versetzen, nur das beginnende Gewitter war für die Länge des Heimweges beunruhigend.

Auf meine scherzhafte Frage nach einer Autobusverbindung zum Kanal lachten die anwesenden Gäste. Der Wirt brachte uns dann tatsächlich mit seinem Privatauto in zwei Gruppen bis zum Boot.

Am Dienstag, dem 8. 5.,

fuhren wir bis Trèbes, wo uns ein Taxi ins Zentrum der Stadt Carcassonne brachte. Die Altstadt mit der alten Stadtmauer ist wirklich überwältigend.

Nachdem wir noch einige Nachtfotos geschossen hatten, ließen wir uns mit dem Taxi zu unserem Boot zurückbringen.

Mittwoch, 9. 5.

Weiter ging's bis Laredorte, wo wir Wasser tankten. Leider hatte um 21.30 Uhr kein Restaurant mehr offen, und in einem kleinen Café mussten wir uns mit Zwieback, Marmelade und Butter zufriedengeben.

Donnerstag, 10. 5.

Zum Mittagessen legten wir an der Schleuse von Ognon an. Direkt daneben fanden wir ein vorzügliches Restaurant mit bester Bedienung vor. Der Kellner gab Karo Nachhilfeunterricht im Öffnen von Krebsen. Während wir mit netten Schweizern ins Gespräch kamen, musste Karo selbstverständlich die neu erworbenen Kenntnisse im Krebse-Öffnen gleich an ebenfalls dort sitzende Deutsche weitergeben.

In Ventenac versuchte Otto von einer Telefonzelle aus nach Österreich zu telefonieren, um den Nachkommenden mitzuteilen, wo sie uns am Samstagmorgen finden würden. Eine unverständliche Tonbandstimme erklärte: Durchwahl nach Autriche nicht möglich. So stürmte Otto zum Postamt, das aber schon seit einer Viertelstunde geschlossen hatte, daraufhin wieder zurück zur Telefonzelle, dann in einen gegenüberliegenden Weinverkauf mit der Bitte um Hilfe. Die Dame bemühte sich zwar, aber der Operator hob nicht ab. Also fuhren wir mit dem Boot weiter bis Le Somail, eine nette kleine Ortschaft, wo die Kirche direkt an die Brücke über den Kanal gebaut ist. Bei der nächsten Telefonzelle versuchten wir nochmal unser Glück und eine ferne Stimme aus Österreich: „Otto, bist Du's?" brachte eine sichtliche Erleichterung.

Abends noch bis nach Capestang gefahren.

Am Freitag, dem 11. 5.,

fuhren wir bis zu dem großen Tunnel beim Oppidum d'Enserune (Ausgrabungen aus dem 5.-3. Jh. v. Chr.). Nach der Besichtigung eines Museums erwischte uns auf dem Heimweg ein Regenguß, und im Laufschritt gings zirka 1 km zu den Booten zurück, damit die Videokameras nicht nass wurden. Heinz hatte glücklicherweise beide Bootsverdecke vorher geschlossen, und nach Aufhören des Niederschlags fuhren wir durch einen 160 m langen Tunnel, welcher über einen Eisenbahntunnel führt, unter dem noch ein alter römischer Abwassertunnel liegt. Eine beachtliche Bauleistung. Wir kamen noch bis zur Schleusentreppe von Fonsérannes. Leider hatten wir übersehen, dass in unserer Richtung um 15.00 Uhr die letzte Schleusung war. Die Hektik brach aus – unsere Freunde warteten bestimmt am Samstag Morgen im Hafen von Béziers – 2 km entfernt. Béziers hat mit Fonsérannes insgesamt drei Häfen! Wir stiefelten in die Stadt, am Heimweg um 22.00 Uhr durch den Sporthafen und über die 193 m lange Kanalbrücke, die den Orb überquert – aber kein Auto mit Riki und Hans zu sehen. Unruhige Nacht!

Am Samstag, dem 12. 5.,

fuhr Otto um 6.00 Uhr morgens mit dem Rad in den Hafen von Béziers, sucht Riki und Hans – nichts; weiter zum Bahnhof mit den Hotels – kein Auto mit den beiden zu sehen.

Zurück in Fonsérannes ging es mit dem Boot Richtung Schleuse, denn um 8.00 Uhr begann die Schleusung. Plötzlich tauchten Hans und Riki neben uns am Ufer auf. Im Hafen von Béziers tankten wir Wasser, luden die Videobatterien auf und suchten für Hans' Auto eine Garage. Alle glücklich und müde vereint, fuhren wir weiter durch die Ouvrages du Libron (große Sperrtore bei der Überquerung des Küstenflusses) bis Agde und schleusten noch durch.

Otto legte gleich hinter der Schleuse an, das zweite Boot fuhr noch ein Stück weiter. Wir gingen einkaufen, nachher Stadt besichtigen und abends essen in ein Restaurant direkt am Hérault.

Am Sonntag, dem 13. 5.,

verweigerte der Motor um 9.00 Uhr den Start. Wir suchten eineinhalb Stunden den Fehler, bauten den verschmutzten Luftfilter aus. Kein Starten möglich. Endlich dachten wir an die Möglichkeit – no Diesel. Getroffen! Nur ein Telefonat zur Basis von Narbonne konnte uns helfen. Der Mechaniker brachte 20 l Diesel und ein Gewitter mit. Holte weitere 20 l von der Tankstelle in Agde, trank wegen des Regens mit uns Kaffee und entlüftete den Motor. Um 16.30 Uhr waren wir wieder startklar und trafen die anderen. Heinz hatte inzwischen drei Aale gefangen. Wir fuhren in die Marina von Marseillan und konnten endlich in einem netten Fischrestaurant die Beine ausstrecken und gemütlich essen.

Montag, 14. 5.

Am Morgen hieß es um 8.30 „Leinen los", und bei etwas dunstigem Wetter fuhren wir über den Etang du Thau nach Sète. In der Karte waren zwei Brücken eingezeichnet, die jedoch so niedrig waren, dass wir sicherheitshalber unsere Fahrräder vom Dach nahmen, um ohne Risiko durchzufahren. Nach der Brücke legten wir an und versorgten uns noch mit Proviant. Vor der Hubbrücke von Frontignan mussten wir bis 15.00 Uhr (nächste Öffnungszeit) warten, die Crew des zweiten Bootes verzehrte dabei die tags zuvor gefangenen Aale.

In dieser Gegend konnten wir einige Silberreiher, Flamingos und sonst noch unidentifizierbare Vögel beobachten. Auch ein paar weiße Pferde, typisch für die Carmargue, grasten am Ufer.

Bei Les Aresquiers legten wir an, gingen die 300 m bis zum Mittelmeer und erfrischten uns durch ein Bad. Vorbei an kleinen Fischerhütten, Schleppnetzen, dem kleinen Triumphbogen vor der Abbaye Maguelonne ging's weiter bis zum Ouvrages du Vidourle und nach Aigues-Mortes. Dort trafen wir auf einem Boot Freunde von Heinz und Risa. Sie waren von Beaucaire aus mit einem Boot gestartet und zwei Wochen unterwegs. Gemeinsam besichtigten wir Aigues-Mortes, eine schöne Stadt, die aus malerischen Häusern besteht und von einer noch intakten Mauer umgeben ist.

Dienstag, 15. 5.

Weiterfahrt nach St. Gilles, wo der Hafen jedoch schon komplett voll war. Zirka 2 km außerhalb legten wir am Ufer an und warfen unser Angelzeug aus. Mit einer „Polnischen" als Köder war Otto an diesem Tag der erste Glückliche, der einen kleinen Wels fangen konnte. Zu klein zum Essen, warf er ihn nach einem Foto wieder ins Wasser. Wolfi, der Unermüdliche, fischte bis spät in die Nacht. Mit seinem Geschrei störte er Otto aus der wohlverdienten Nachtruhe, als er um 22.30 Uhr einen drei Kilogramm schweren Karpfen an der Angel hatte. Alles war in Aufregung.

Mittwoch, 16. 5.

Natürlich wurde Wolfis Fang mittags gebraten, nur Karo verweigerte das Essen. Am Nachmittag passierten wir unsere letzte Schleuse bei Nourriguier (automatisch). Wolfi und Helmut machten sich dann auf den Weg, um per Zug unsere Autos von Narbonne zu holen.

Donnerstag, 17. 5.

In der Früh gaben wir unsere Boote zurück. Wir verabschiedeten uns von Risa, Christl, Heinz und Helmut, die noch eine Woche Richtung Atlantikküste und Loiretal unterwegs waren. Wieder war ein schöner Hausboot-Urlaub zu Ende gegangen!

Otto Karpisek

Canal du Midi und Camargue
Narbonne-Grau-du-Roi
2 Wochen; Mai

Canal du Midi: Meine Tipps
für Ihren Bootsurlaub

Kaum von den Strapazen der Heimreise erholt, erreicht mich ein Anruf von Angelika im Büro (Kennen Sie nicht? Werden Sie aber kennenlernen, sollten Sie sich für einen Hausboot-Trip entscheiden). „Nach zwei Urlauben in Frankreich wäre es doch an der Zeit, einmal ein wenig darüber zu schreiben", appellierte sie an meine schriftstellerische Ader, um mich darauf gleich wieder zu beruhigen – im Herbst kommt die nächste Ausgabe der „Hausboot-Zeitung", und immerhin wäre es ja erst Juli, also Zeit genug, sich etwas einfallen zu lassen.

Ein Erlebnisbericht, entschieden wir, sollte es nicht werden, das wurde schon einige Male mit Perfektion getan, und die Strecke kennt der aufmerksame Leser inzwischen auch schon in- und auswendig. Also wurde der Entschluß gefaßt, einige Erfahrungen – positive und hie und da negative – zu Papier zu bringen, zur Freude und zum Nutzen derer, die demnächst „in See stechen".

Eine freundliche Crew bemüht sich in Narbonne um den Neuankömmling.

Natürlich möchte jeder der erste sein, der „sein" Boot übernimmt. Die Hektik vorm und im Büro ist vorprogrammiert, da gegen 13.30 Uhr Mittagspause-Ende ist, und bis dahin sämtliche Hobbykapitäne um einen Platz in der „pole-position" kämpfen. Die Bürodame und Gattin des Stützpunktleiters spricht einigermaßen Deutsch und ist Kummer gewöhnt. Außerdem dauern die Bürostunden bis 18.00 Uhr, Zeit genug also, die anderen hektisch sein zu lassen und einstweilen in einem der nahegelegenen Lokale mit dem französischen Rotwein Bekanntschaft zu schließen.

Unverbesserlichen Abstinenzlern sei in dieser Zeit der Besuch einer der wohlsortierten Supermärkte etwas außerhalb der Stadt empfohlen. Ein Großeinkauf am Beginn der Bootsfahrt erspart so manche Überraschung in einem Dorf, wo der örtliche Gemischtwarenhändler gerade an diesem Tag geschlossen hat, an dem die letzte Flasche Mineralwasser geleert wurde (wir haben zwei riesige Einkaufswagen mit allen guten Dingen, die Frankreich zu bieten hat und die vier Personen benötigen, angefüllt und dafür nicht mehr als 125 Euro bezahlt). Wer gerne Musik an Bord hat und aus Umweltschutzgründen auf Batterien verzichten möchte, sollte sich von zu Hause einen 12-Volt-Adapter, Krokodilklemmen und genug Kabel mitnehmen. Der Mechaniker zeigt einem dann, wo man den nötigen „Saft" herbekommt. Wir hatten überhaupt den Eindruck, dass technisches Verständnis und ein wohlsortierter Werkzeugkoffer die Männerwelt zusammenschweißt. Näher möchte ich hier nicht darauf eingehen, denn wenn ein Mechaniker der Meinung ist, Ihr Verständnis für Boote geht über das Normalmaß hinaus, zeigt er Ihnen schon, was Sie wissen sollten, wenn er sich eine Servicefahrt ersparen will.

Wenn nicht, Finger weg von allen beweglichen Teilen. Der Schaden ist allemal größer als der Nutzen durch Hobbybastelei.

Noch einiges zur Bootsausrüstung: Fender haben die Tendenz, sich bei unpassender Gelegenheit zu entfernen. Der Unterhaltungswert eines mißglückten Bergungsversuches mit anschließendem Vollbad im Kanal hält sich in Grenzen. Daher ist nach eingehender Besichtigung dieser Gummidinger ein Besuch im Ersatzteillager (gleich hinter dem Büro) oft sehr zu empfehlen. Ein freundlicher Herr ist immer anzutreffen, der neue Taustücke herausgibt, mit denen man sich dann im Umgang mit Seemannsknoten üben kann, um etwaige durchgescheuerte Fenderbefestigungen zu erneuern.

Apropos Taue. Zwei Leinen hat das Boot, jeweils eine am Bug und eine am Heck. Eine dritte Leine befindet sich irgendwo in einem der zahlreichen Stauräume an Bord. Ich kenne da eine heimtückische Schleuse, und in der geht das dann so vor sich: Ein Crewmitglied legt die Leine gekonnt über den Poller und steigt zurück aufs Schiff. Da nach der Schleuse das An-Bord-gehen schlecht möglich ist, beschließt auch der Rest der Crew, den Schleusungsvorgang vom Schiff aus zu verfolgen. Das Wasser sinkt – immer mehr – und dann ist die zuerst kunstvoll um den Poller geworfene Leine zu kurz. Die Hände werden immer länger, und nun kommt die Entscheidung: Auslassen, an der Leine krampfhaft festhalten und in der Luft baumeln, oder ein in der Nähe befindliches Crewmitglied zur Verantwortung zu ziehen. Ersteres ist nicht empfehlenswert, das Schiff macht sich in der Schleuse selbständig. Bei größerem Wasserdruck kann das recht unangenehme Folgen haben. Die zweite Methode sorgt ausschließlich für Heiterkeit auf anderen Schiffen. Auch wohlbeleibte Persönlichkeiten haben gegen ein wildgewordenes Boot keine Chance. Letzteres ist möglich, beeinflusst das Verhalten des Hausbootes aber nicht im mindesten. Dafür sind anschließend gröbere Beflegelungen innerhalb der Mannschaft nicht ausgeschlossen.

Als Resümee empfiehlt es sich daher, besagte dritte Leine aufzustöbern und mittels mehr oder weniger perfekter Knoten eine Verlängerung herzustellen.

Natürlich steht dem geplagten Schleusenwart auch eine Mittagspause zu. Solcherart an der Weiterfahrt gehindert, tut man es ihm am besten gleich, sollte man vor verschlossenen Schleusentoren stehen. Im Laufe der Zeit sammeln sich einige Boote an, der Kampf um die besten Startpositionen beginnt – bestens geübt bei der Bootsübernahme.

Der Erfahrene sieht solchem Treiben gelassen zu, weiß er doch, alle auf einmal haben sowieso keinen Platz in der Schleuse, und man befindet sich schließlich im Urlaub und der Schleusenwart im Dienst. Mit dieser Annahme kann man sich aber auch gewaltig täuschen. Es gibt nämlich auch Künstler unter den Schleusenbediensteten, die im Boote-Schlichten wahre Meister sind. Solcherart hinters Licht geführt, hat man jovial noch das eine oder andere Hausboot vorbeigewunken in dem Bewußtsein, bei der nächsten Schleusung dabei zu sein, um bis dahin seinen restlichen Rotwein geleert zu haben. Mit Schrecken stellt man dann fest, das letzte Boot zu sein, und dass der Schleusenwärter nicht einmal im Traum daran denkt, seine Tore wieder zu öffnen, hat er einem ja vorher noch heftig zugewunken und gewartet, ob man seine Dienste nicht doch noch in Anspruch nehmen möchte, um sich dann kopfschüttelnd seiner Tätigkeit zu widmen, dass dann natürlich in absehbarer Zeit kein Schiff in Sichtweite kommt und man solcherart, mutterseelenallein dem Schleusenwart hilflos ausgeliefert, nur den Weinbestand weiter dezimieren kann, versteht sich von selbst.

Und dann gibt es noch diese zwei Anlegepflöcke inklusive Hammer. Man schlägt sie am Ufer ein, bindet sein Boot daran fest und sucht eines der kleinen Restaurants in der näheren Umgebung auf.

Bei der Rückkunft stellt man fest, dass sein Boot weg ist und macht für diese optische Täuschung den reichlich genossenen Vin du pays verantwortlich. So ähnlich erging es uns beim ersten Hausboot-Urlaub.

Wir hatten aber Glück, eine unserer Damen war an Bord geblieben und bemerkte das herannahende Unheil rechtzeitig. Aber wie kam das? Die Uferböschungen bestehen aus relativ weichem Erdreich, an diesem Tag hatte es zu regnen begonnen, was die Festigkeit auch nicht gerade begünstigte, die Taue waren lässig um die beiden Pflöcke gelegt, und dann kam eines der seltenen Fracht- oder Passagierschiffe vorbei. Dieses erzeugt einen mächtigen Sog am Heck. Diesem Druck waren die beiden Pflöcke in keiner Weise gewachsen und verabschiedeten sich auf Nimmerwiedersehen in Richtung Wasser.

Um Ihnen, werte Leser, solches zu ersparen, empfiehlt es sich, mehrere Pflöcke an Bord zu haben (werden anstandslos im Ersatzteillager herausgerückt) und diese auch zusätzlich einzuschlagen, dass dadurch die Belastung pro Pflock geringer wird – natürlich nur wenn alle Taue gleichmäßig gespannt sind – haben wir ja seinerzeit im Physikunterricht gelernt.

Es empfiehlt sich auch, an jedem dieser Pflöcke einen einfachen Knoten anzubringen, so dass er im Ernstfall an jenem hängt und nicht, siehe oben, verschwindet. Ein Ende des Taues locker am Boden liegengelassen, um vorbeikommende Fußgänger oder Radfahrer nicht zu verärgern. Diese dann um einen Strauch oder Baum geschlungen, nur so als Sicherheit, macht längere Abwesenheiten vom Boot wesentlich nervenschonender.

Oder wie gefällt Ihnen die Frage eines ansonsten sehr verläßlichen Crewmitgliedes beim abendlichen Dinner weitab vom Liegeplatz, angesichts der als Vorspeise gedachten Spaghettis, die frappant an schlampig aufgerolltes Tauwerk erinnerten: „Sag, hast Du diese komischen Eisendinger gestern eigentlich sehr tief in den Boden einschlagen können? Ich komme mit dem unhandlichen Hammer einfach nicht zurecht." Was solch harmlose Bemerkungen für einen Aufruhr verursachen können, sollte man nicht für möglich halten.

Natürlich gibt es in Frankreich auch Nachfahren der Kuenringer, die ja bekanntlich Raubritter waren. Solche findet man an so manchem Ort, nur bedienen sie sich wesentlich zeitgemäßerer Methoden, wie folgende Abhandlung aufzuzeigen versucht, die bei weitem keinen Anspruch auf Vollständigkeit erhebt.

Poilhès zum Beispiel zeichnet sich durch seinen Erfindungsreichtum aus. Eine Parkuhr, ein Wasserhahn, zehn Francs – und schon fließt das kostbare Nass für immerhin siebzehn Minuten in den Tank. Die alte Ausführung von Francs, versteht sich, bei den neuen Münzen bleibt der Hahn trocken und der Zehner ist natürlich auch weg. Inzwischen dürften nur noch ein paar unbedarfte Neulinge oder spendierfreudige Zeitgenossen zur Füllung der Gemeindekasse beitragen. Der überwiegende Teil bedient sich im rund sechs Kilometer entfernten Colombiers gratis. In Agde, einer wunderbar erhaltenen mittelalterlichen Stadt, läßt es sich herrlich tafeln. Soll die Brieftasche geschont und der

Magen durch keinerlei Mikrowellen-Erwärmtes beleidigt werden wollen, empfiehlt es sich, die Nähe der Markthalle zu suchen. Rund um sie gruppieren sich einige einheimische Restaurants, in denen selbst unser Bordfeinspitz das Handtuch schmiß. Menge und Qualität waren einfach traumhaft.

Wenn man vom Canal du Midi genug gesehen hat und nun endlich ein wenig offenes Wasser zu Gesicht bekommen möchte, führt kein Weg am Bassin de Thau vorbei. An trüben Tagen, die erfreulicherweise sehr selten sind, wähnt man sich am Meer, ein Leuchtturm in der Nähe von Sète weist den Weg, und ohne Fernglas sieht man ihn sicher erst dann, wenn man weitab der ungekennzeichneten Fahrrinne einen Fischer überfahren hat.

Echte Hafenstimmung kommt am Ausgang des Canal du Midi, in Marseillan, auf. Ab diesem Ort tauscht man die beschauliche Ruhe einer kostenlosen Nacht an den Ufern des Kanals mit den Segnungen unserer Zivilisation ein, der man ja eigentlich für einige Wochen entfliehen wollte. Die Schergen des Hafenmeisters sind freundlich, aber unerbitterlich. Zwischen dem Anlegemanöver an einem der gutausgebauten Stege (jeder Liegeplatz verfügt über Wasseranschluss) und der Aufforderung, sich von 13 Euro, für eine Nacht versteht sich, zu trennen, verstreichen keine fünf Minuten. Diese Unart, wehrlosen Bootsfahrern die Kasse zu plündern, verfolgt uns nun einige Tage.

Wer aber der französischen Sprache einigermaßen mächtig ist, dem gelingt es von Zeit zu Zeit, auch dem gestrengsten Hafenangestellten einen Nachlass abzuringen. Da aber alles seine Ordnung haben muss und am Zahlungsbeleg kein anderer als der offizielle Tarif aufscheinen darf, geht das ausschließlich nach der Methode: zahle einen Tag und bleibe zwei.

Eine freundliche Einladung und ein wenig Humor – auch wenn es einmal nicht funktioniert – helfen da sehr. Beamte sind schließlich auch nur Menschen.

Nach einer vierzehntägigen Fahrt, die uns von Narbonne bis Grau du Roi und retour führte, war es für uns wieder mal vorbei. Eine unbürokratische Bootsübergabe erleichterte den Trennungsschmerz und mit der Gewissheit, in der nächsten Saison wieder in der Haizingergasse[*] vorbeizuschauen, überfüllten wir unseren fahrbaren Untersatz mit all jenen Dingen, die der Zöllner nicht zu Gesicht bekommen darf, und gaben Gas in Richtung Heimat.

Gerhard Keprda

---

[*] Gemeint ist Hausboot Böckl; Adressen und Telefon siehe Seite 143.

Canal du Midi
Trèbes-Béziers-Trèbes
1 Woche; Anfang Mai

Die Stammgäste
vom „Muscadelle"

Nach der Ankunft an der Basis verfrachteten wir unser Auto auf das Firmengelände des in Trèbes ansässigen Abschleppunternehmers. Vorteil: der hat immer Dienst, da er die Reste der Crashs der nahen Autobahn einsammelt. Ein paar sehenswerte Stücke waren dabei! Er verlangte für eine Woche Abstellplatz 26 Euro. Ein Angestellter führte mich wieder zum Kanal, da der Fußmarsch doch ca. 10 Minuten gedauert hätte.

Inzwischen hatte Ursula die vielen Nischen und Kasterln erforscht, die so ein Boot für mitgebrachte Utensilien anbietet. Ein Schmunzeln kostete mich der „Kleiderschrank". Er ist so tief, wie ein Kleiderhaken breit ist, jedoch nur 18 cm breit. Doch, wie sich zeigte, ist das ausreichend. Am Stützpunkt beriet man uns, die wir nicht so recht wußten, welche Richtung wir fahren sollten; nämlich nach Narbonne bzw. Béziers zum Mittelmeer. Der Tipp war gut: er führte uns abwärts Richtung Mittelmeer.

Die allererste Schleuse, die unser Stützpunktleiter zwecks Einschulung mitfuhr, war eine dreifache und zugleich die „schwierigste". Am unteren Ende gibt es eine eher heftige Querströmung, herrührend vom Abwasser der dort befindlichen, stillgelegten Mühle. Für mich als Neuling war dies eine überraschende Situation – doch unser Instruktor griff beherzt ins Steuer und zeigte mir, wo es lang geht. Kurz danach verließ er das Boot und wünschte uns eine gute Reise. Da fing es auch zu regnen an. Mit einiger Verunsicherung machten wir uns auf den Weg nach Marseillette. Man hatte uns empfohlen, dort anzulegen und in der Ortschaft das Lokal „La Terrasse" zu besuchen. Trotz Regens fanden wir die angegebene Adresse. Das Lokal entpuppte sich als Tankstelle, welche Sprit an Bedürftige verkauft, dies zusätzlich auch an die im Umkreis vegetierenden Trunkenbolde. Die schmuddelige Kellnerin (Wirtin?) war keinesfalls bereit, über Essen zu diskutieren, sondern meinte, wir könnten ja an der Bar eine Stärkung konsumieren. Da sich nicht einmal unsere Asti wohlfühlte – sie haßt Betrunkene wie die Pest – zogen wir ab. Im bei Hausboot Böckl schon vorsorglich besorgten Guide Vagnon Nummer 7 (Canaux du Midi) war in unmittelbarer

Nähe ein anderes Lokal empfohlen: „La Muscadelle". Da Fußmärsche bei einbrechender Dunkelheit und Regen doppelt zählen, marschierten wir zwei Kilometer und wurden dafür wirklich belohnt. „La Muscadelle" ist empfehlenswert, das Essen war sehr gut, die Wirtsleute freundlich, der rote Hauswein half unseren leicht ramponierten Seelen wieder auf die Sprünge. Mit einiger Mühe fanden wir wieder zum Kanal, denn es war natürlich stockfinster, doch nicht an der Kanalpromenade, wo die ganze Nacht die Straßenbeleuchtung brannte. Die Nacht brachte eine neue Erfahrung: Das Bett war hervorragend, wir fühlten uns wie zu Hause, natürlich auch Asti, unser Schnaubo (Schnauzer-Boxer).

Freitag, 1. 5.

Nichts Neues; Regen am Canal du Midi; na ja. Wir hatten unseren gewohnten Kaffee von zu Hause mitgebracht. Zusammen mit den Goodies, die wir in Trèbes erstanden hatten, machten wir Frühstück, welches uns entscheidend weiterhalf.

1. Mai; Ich dachte kurz an geschmückte Fahrräder und Fahnen und freute mich, nicht in Wien zu sein. Es gab in Frankreich zwar keine Räder des Anstoßes, doch leider auch keine Schleusenwärter (Der 1. Mai ist einer der ganz wenigen Tage im Jahr, wo die Schleusenwärter frei haben!).

Aus diesem Grund war unser Aktionsradius an diesem Tag etwas eingeschränkt: wir hatten nur die Möglichkeit, in Marseillette liegenzubleiben, oder wieder Richtung Trèbes zu fahren. Zur Übung fuhren wir nach Trèbes zurück. Unterhalb der oben erwähnten Schleuse machten wir fest und marschierten Richtung Stützpunkt. Der war gut gesichert und versperrt, schließlich war ja auch hier der 1. Mai. Lediglich die Bäckerei war offen, wo wir auch noch einiges einkauften.

Wir haderten ein wenig mit unserem Schicksal, das uns nicht vergönnte, Regenkleidung zu beschaffen; Südfrankreich im Mai, wer rechnet da mit Regen? Nach einigem Herumtrödeln brachen wir erneut nach Marseillette auf. Wir beschlossen, an der Promenade festzumachen, gingen aber gleich ins „Muscadelle", ohne uns um die Sprittankstelle zu kümmern.

Auf Grund der bereits erlangten Ortskenntnis waren wir in drei Minuten oben. Im Lokal wurden wir wie Stammgäste empfangen – ein sehr angenehmer Abend.

Samstag, 2. 5.

Nun ging's wirklich los: die erste von uns beiden alleine zu bewältigende Schleuse lag vor uns! Eine Viertelstunde später fühlten wir uns bereits erheblich wohler. Die Schleuse war ohne jede Komplikation geschafft, es machte richtig Spaß Kanalschiffer zu spielen. Leider regnete es noch immer. Mittags erreichten wir Laredorte, ein Nest, von dem im Guide Vagnon behauptet wird, man könne alles kaufen; das mag wohl sein, doch die Herausgeber recherchierten sicherlich nicht an einem Samstag, also wieder kein Regenschutz! Dafür gab es Wasser – von oben Regen und aus einem Wasserhahn Trinkwasser für's Boot.

Dies sogar gratis! Also den Schlauch angeschlossen und aufgedreht.

Nach geraumer Zeit dachte ich, das Boot müsste eigentlich schon sinken, soviel Wasser hatten wir schon gefüllt, doch noch immer schien es versteckte Hohlräume im Boot zu geben, die Wasser aufnahmen. Langsam wurde mir die Sache unheimlich, hatte doch der Mann am Stützpunkt behauptet, der Wassertank sei vor der Übergabe vollgefüllt worden. Zweimal duschen und ein bißchen Geschirr waschen konnte doch nicht so viel Wasser verbraucht haben. Das Wasser floß und floß, es nahm kein Ende. Nach unglaublich langer Zeit war der Tank endlich voll.

Ich beschloss, die Sache mit dem Wasser nicht aus dem Gedächtnis zu verlieren. Weiter gings nach Homps, wo wir um 14 Uhr eintrafen.

Da gibt es einen Hafen mit einem Schild, welches einen Supermarkt ankündigt, der täglich von 7 bis 22 Uhr offen hält. Nicht ohne leises Bangen ob des Wahrheitsgehaltes dieser Ankündigung machte ich mich auf den Weg. Nach ca. sieben Minuten fand ich an der Hauptstraße die Tankstelle mit angeschlossenem Supermarkt. Hier gab es alles, was wir brauchten, auch frisches Brot. Sehr zufrieden mit diesem Erfolg und damit, dass es endlich zu regnen aufgehört hatte, fuhren wir weiter. In der Folge passierten wir viele Schleusen, die meisten davon „modernere", das heißt mit Elektromotoren, statt mit Handkurbeln ausgerüstet, und erreichten um 16.30 Uhr die Schleuse von Argens. Nach dieser Schleuse folgt eine ungewöhnlich lange Strecke von 54 km ohne Schleuse!

Ohne besonderes Tagesziel genossen wir das nunmehr schöne Wetter und kamen gut voran.

Um 18.30 Uhr fuhren wir zum ersten Mal am „La Cascade" vorbei: dieses Lokal wird im Guide folgendermaßen beschrieben: „In einem alten Kanalmeistereihaus servieren Gillian und André ausschließlich frische Zutaten und das Menü wechselt jeden Tag . . ." Irgendwie gefiel uns dieses Haus, doch um halb sieben am Abend denkt man noch nicht ans Essen. Weiter ging's über eine Kanalbrücke, vorbei an einem kleinen Hafen bis zur Abzweigung des Kanals von La Nouvelle, welcher über eine ganze Batterie von Schleusen nach Narbonne führt. Heftig winkend kam uns ein Schleusenwärter entgegengelaufen, um uns mitzuteilen, dass es ganz unmöglich sei, um diese Zeit nach Narbonne zu fahren. Dass wir dieses gar nicht wollten, sondern uns einfach umsahen, beruhigte ihn sehr. Wir drehten wieder um und fuhren bis zum „La Cascade" zurück, wo wir festmachten.

Diese Idee hatten noch einige Leute, es ist auch ein wirklich schöner Platz zum Übernachten. Um zu verhindern, dass wir vielleicht keinen Platz in dem kleinen Lokal bekommen könnten, meldete ich uns für 20.30 Uhr zum Essen an. Diese Angst war jedoch unbegründet: außer uns waren nur zwei Paare aus England im Lokal, die sich als alte Hasen des Kanalfahrens – dies bereits in verschiedenen Ländern – entpuppten. Alle anderen verpflegten sich offensichtlich selbst auf ihren Booten oder machten vielleicht gerade Abmagerungskuren. Im Lokal wurden wir herzlich aufgenommen und verbrachten einen netten Abend. Ich war fasziniert von der im Computer hergestellten, aktuellen Tageskarte vom 2. Mai.

Es gab Menüs mit jeweils drei Wahlmöglichkeiten bei den einzelnen Gängen, insgesamt eine beachtlich große Auswahl von Köstlichkeiten.

Sonntag, 3. 5.

Bei herrlichem Wetter brachen wir um 10 Uhr Richtung Béziers auf, machten in Capestang halt, um am Markt einzukaufen und uns die Altstadt anzusehen, passierten später Poilhès, fuhren weiter durch den Berg, indem wir den dafür vorgesehenen, 150 m langen Tunnel benützten, und kamen nach Colombiers.

Hier gibt es einen neuen Hafen, wo all die grünen Boote herkommen, die den Kanal bevölkern. Da man uns gewarnt hatte, in Béziers anzulegen und auszusteigen, da dort angeblich einige zwielichtige Typen leben, die lebhaftes Interesse für technische Dinge wie Videokameras oder Fotoapparate zeigen, sich diese aber selten kaufen, verzichteten wir auf diese Stadt und kehrten um ca. 15 Uhr wieder um. Wir passierten nochmals den Tunnel, sahen die Felder vom Etang de Montady und machten kurzen Halt in Capestang und dieselten weiter bis 19.30 Uhr.

Da waren wir zufällig wieder beim „Le Cascade", machten fest, gingen essen und waren erneut von der Speisekarte fasziniert. Sie war aktuell: 3. Mai, alles andere war identisch vom Vortag übernommen worden. Kein Problem für den Computer. Die beiden Wirte zeigten sich ein klein wenig bekümmert, dass wir das Geheimnis der täglich neuen Speisekarte durchschaut hatten. Wir wählten was anderes aus dem Menü, und es war wieder ausgezeichnet, auch der Wein.

Montag, 4. 5.

Nach ausgiebigem Frühstück und bei schönem Wetter schafften wir gerade die Schleuse von Argens, die ja für uns die erste „Bergschleuse" war. Bei der nächsten gab es Zwangshalt wegen Mittagspause von halb eins bis halb zwei. Um 15 Uhr waren wir in Homps, wo ich wieder einmal (gratis!) Wasser auftankte. Ich machte mich wieder auf eine endlose Prozedur beim Wasserfüllen gefaßt, doch es dauerte keine 10 Minuten und der Tank war voll. Erklärung: bei der Übernahme war der Wassertank keineswegs voll gefüllt – dunkle Ahnungen überkamen mich. War vielleicht auch der Dieseltank bei der Übernahme nicht voll gewesen? Einerlei, weiter ging's, wir wollten Marseillette erreichen um dort zu übernachten. Bis zur Schleuse St.-Martin kamen wir, doch der dortige Wärter meinte, um 19.10 Uhr bereits genug für diesen Tag getan zu haben, daher blieben 4 Boote bei Schleuse St.-Martin über Nacht liegen. Selbstgemachte Käsetoasts und Rotwein trösteten uns. Auch sonst war niemand in Hektik, es hätte sowieso nichts genützt.

Dienstag, 5. 5.

Es gibt doch immer wieder Frühaufsteher, die selbst im Urlaub beinhart zu sich selbst sind: als wir erwachten, waren schon zwei Boote über alle Berge (nein: Schleusen). Nach dem Frühstück und Spazierengehen mit Asti war dann auch das dritte Boot weg, natürlich alle in unserer Richtung. Ordnungsgemäß prüfte ich wie an jedem Morgen den Ölstand, den Kühlwasserstand und den Kühlwasserfilter. Letzterer sitzt tief unten im Heck des Bootes, der Deckel ist mit einer Flügelmutter M 10 befestigt und abgedichtet. Als mir diese Mutter infolge Ungeschicklichkeit aus der Hand und in die unergründlichen Tiefen des Bootsrumpfes gefallen war, fiel mir sofort die Bemerkung bei der Einschulung ein, dass man auf diese Mutter besonders achten und sie keinesfalls fallen lassen sollte, da man sie kaum wiederfände. Nett! Der erste Versuch, den Deckel mit Hilfe eines eingespreizten kleinen Astes abzudichten, misslang. Dies war unschwer zu erkennen: es kam kein Kühlwasser aus dem Auspuffrohr und der Zeiger des Wasserthermometers stieg von den üblichen 80 Grad munter auf 95 Grad. Also rechts ran und festgemacht. Motor abgestellt und auskühlen lassen. Streifzug durchs Boot, um eine Flügelmutter M 10 oder wenigstens überhaupt eine Mutter „M 10" zu finden. Fündig geworden bei der Arretierung der Fußstütze am Kapitänssessel. Hier prangt eine große Kreuzgriffmutter, um besagte Stütze verstellen und arretieren zu können. Und dies ohne Werkzeug! Große Freude und Erleichterung: es ist eine Mutter „M 10", sie passt perfekt auf das Filtergehäuse und wäre, wenn man es genau nimmt, die viel elegantere Lösung als die blöde kleine Flügelmutter. In wenigen Minuten war das Boot wieder betriebsbereit, Wasser kam aus dem Auspuff, alles OK. Da wir nach Carcassonne wollen, wäre ein kurzer Halt in Trèbes beim Stützpunkt kein Problem, um so eine Mutter zu bekommen (eigentlich müssten sie dort eine große Schachtel davon haben).

In Trèbes kurz angehalten, zum Container geeilt, doch leider stand geschrieben: Dienstag geschlossen. Machte auch nichts – weiter ging's. Kanalaufwärts, Richtung Carcassone, sind fast alle Schleusen handbetrieben. Ursula weiß das ganz genau! Übrigens fehlt in dem erwähnten Guide eine Schleuse. Sie ist nicht eingezeichnet.

Leider kann ich mich nicht profilieren und mitteilen, dass die Schleuse mit Namen . . . nicht eingezeichnet ist, denn einige der Schleusen oberhalb von Trèbes haben keine Schilder mit dem Namen der Schleuse und sonstigen Angaben, darunter auch die auf der Karte vergessene!

Um 19 Uhr erreichten wir nach Bewältigung der letzten Schleuse vor dem Kanalhafen in Carcassone unser Ziel und machten direkt vor dem „Amtsgebäude" der Hafen- und Schleusenaufsicht fest. Da verriet man uns ein recht passables Speiselokal in Hafennähe, das „La grande Bouffe". Ich weiß nicht, was das heißt, man kann dort jedenfalls auch essen.

Mittwoch, 6. 5.

Nach Einkäufen fürs Frühstück fand ich eine Eisenhandlung, wo ich dem Verkäufer, ohne ein einziges französisches Wort zu können, doch tatsächlich erklären konnte, dass ich drei M 10 Flügelmuttern kaufen wollte. Er bemühte sich redlich um den Umsatz von 2 Euro. Was ich damit sagen will ist, dass man bei der Bootsübergabe doch sicherlich eine Ersatzmutter mitgeben könnte, um bei einem solchen Mißgeschick den passenden Teil an Bord haben. Diese Filtertype ist zwar nicht in allen Connoisseur- Booten eingebaut, aber doch zumindest in einigen!

Wir hatten noch genug Zeit zur Verfügung, um uns noch ein Stückchen Kanal oberhalb von Carcassonne anzusehen, also fuhren wir bis in die Nähe von Pézens zu einem Punkt, der „Kleiner Hafen" genannt wird, dort kehrten wir um. Carcassonne ist eine sehr reizvolle Stadt, daher blieben wir noch einige Zeit und kauften allerlei ein. Danach hieß es auf nach Trèbes, wo wir ja am Donnerstag früh das Boot zurückgeben sollten. Wir erreichten den Stützpunkt um 18.30 Uhr und machten zum letzten Mal fest.

Ursula begann zu packen, ich ging zum eingangs erwähnten Abschleppunternehmer, um unseren Wagen abzuholen. Gar kein Problem, dies um ca. 19.20 Uhr zu tun, da dort rund um die Uhr wer ist. Die Rücknahme des Bootes ging rasch vor sich, der Inhalt des Dieseltanks wurde mit einem Holzstab gemessen. Der Verbrauch von 100 Litern für diese Woche war durchaus normal, also waren meine Bedenken hinsichtlich des Dieseltanks unbegründet gewesen.

Wir legten in dieser Woche 236 km zurück, benützten an zwei Tagen ausgiebig die Bootsheizung, welche auch mit Dieselöl arbeitet, der Motor lief in allen Schleusen. Der Verbrauch war insgesamt sehr gering.

Auf unserer einwöchigen Reise überwanden wir in den vielen Schleusen insgesamt 100 Höhenmeter mit dem Boot, recht beeindruckend. Wir fanden unseren ersten Hausbooturlaub sehr gelungen, machten viele neue Erfahrungen. Sicherlich war dies nicht unsere letzte Fahrt mit einem Hausboot.

Die einzige Änderung, die wir uns für's nächste Mal vorgenommen haben: wir werden ein etwas größeres Boot mieten; bei den Ausgaben für so einen Urlaub spielt der Mehrpreis dafür keine allzu große Rolle mehr.

Joachim Peter

Ein seltsames Bauwerk kennzeichnet die Stelle, wo der
Fluss Libron den Canal du Midi quert.

Portiragnes: „Fröhliche Begegnung"
mit dem Schleusenhund . . .

Die runde Schleuse von Agde hat drei Schleusentore: ein für
Hausboote gesperrter Stichkanal führt ins Zentrum der Stadt.

Die Kathedrale von Agde wurde aus Lavagestein errichtet und stammt (bis auf den Turm) unverfälscht aus dem 12. Jh.

Foto: Wolfgang Freundorfer

Der Canal du Midi sorgt für stimmungsvolle Situationen, wie hier bei einer Schleuse, die vom Schleusenwärter liebevoll gepflegt wird.

Eine kühle Dusche tut gut
in der Sonne des Canal du Midi.

Das Befüllen der Rundschleuse von Agde dauert relativ lange.
Zum Glück ist der Hub nicht sehr groß ...

Die Wassermühle von Barbaste (an der Baïse)
gleicht eher einer Burg . . .

Der Canal du Midi verläuft bei Capestang auf einem Hang oberhalb des Ortes.
Daher auch der gute Ausblick auf die Kathedrale.

Foto: Wolfgang Freundorfer

Porte Minervoise: ein kleines Haus mit regionalen Produkten wartet auf Bootsfahrer.
Hier erhält man auch nützliche Informationen über die Region.

109

Canal du Midi und Etang de Thau
Narbonne-Etang de Thau (Sète)-Paraza-Narbonne
1 Woche, Juli

Fast wie in einem Wildbach . . .

Sonntag, 30. 6.

Wir (4 Personen und 1 alter Ford) benützen zwecks allgemeiner Schonung den Autoreisezug bis Feldkirch, besichtigen noch Luzern und übernachten bei Biel.

Montag, 1. 7.

Weiterfahrt nach Genf (Stadtbesichtigung, Völkerbundpalast),   Annecy (See), Bourg-de-Peage.

Dienstag, 2. 7.

Einstimmung am Wasser in der berühmten Ardeche-Schlucht mit Kajak und Kanu, Übernachtung in Pont-St.-Ésprit.

Mittwoch, 3. 7.

Pont-du-Gard bei Nimes, Beaucaire, Aigues-Mortes.

Donnerstag, 4. 7.

Fahrt nach Narbonne, gegen 15.30 Uhr Übernahme des Bootes. Spannung bei der Einweisung auf Französisch (meine Tochter kann's).

Der Instruktor fährt bis zur ersten Schleuse mit. Die Manöver gelingen ganz gut, denn die Crew hat die theoretischen Anleitungen rechtzeitig gelesen und den Rat für das Erwerben der nötigen Praxis – den anderen zuzusehen – beherzigt. Die Einrichtung des Bootes gefällt uns gut, nur der Kühlschrank ist eine Enttäuschung, sowohl was das Fassungsvermögen für 4 Personen als auch was die Kühlleistung betrifft.

Die Fahrt verläuft abwechslungsreich, nach einiger Zeit gewöhnt man sich an die Reaktion des Bootes und kann schon ab und zu einen Blick auf die Landschaft riskieren. Das Traversieren der Aude ist kein Problem, etwas mulmig wird uns allerdings bei der Schleuse Sallèles mit einer Hubhöhe von 5,40 m. Doch alles klappt, und damit ist für heute Schluss. Nach einem nicht sehr ergiebigen Bummel durch den Ort gibt es die erste Feier an Bord.

Freitag, 5. 7.

Nach dem Passieren von weiteren fünf Schleusen (nun sind wir schon geübte Schleusenfahrer) verlassen wir den Canal de la Robine und fahren in den Canal du Midi ein. Es folgen nun bis Béziers keine Schleusen mehr, und wir tuckern gemächlich durch die herrlichen Platanenalleen, die manchmal ein richtiges Dach bilden. Der Kanal windet sich durch die Landschaft, hier und da ein Haus oder eine enge Brückendurchfahrt, die Zikaden sind ziemlich laut, sonst nur Ruhe und Sonnenschein. So haben wir uns den Urlaub auf dem Boot vorgestellt, kein noch so guter Prospekt kann das beschreiben, das muss man selbst erlebt haben! Hier kann man noch mit der Seele baumeln, anlegen wo man will und den Tagesablauf nach eigenem Ermessen gestalten. Jedenfalls bis zur nächsten Schleuse.

Dort (vor der Schleusentreppe von Fonsérannes) ist nämlich für heute Schluß für unsere Fahrtrichtung, obwohl es erst 15.30 Uhr ist. Der Wasserkeil ist natürlich auch nicht in Betrieb.

Also suchen und finden wir einen schönen Anlegeplatz für die Nacht vor der Schleusentreppe unter Platanen. Anlässlich unserer Stadtbesichtigung von Béziers besuchen wir auch das Denkmal von Paul Riquet und danken ihm noch nachträglich, dass er seinerzeit den Bau des Canal du Midi durchgesetzt hat.

Samstag, 6. 7.

Ab 9 Uhr geht's über die Schleusentreppe bergab, wahrhaftig ein Erlebnis wie in einem Wildbach. Dauer: eine Dreiviertelstunde. Für nachfolgende Schiffer hier die Schleusenöffnungszeiten: Von Toulouse Richtung Sète (bergab): 7.45–9.30 und 13.30–15.00 Uhr; Sète-Toulouse (bergauf): 10.00–11.45 und 16.00–17.15 Uhr. Kurz darauf ein weiterer Höhepunkt unserer Fahrt: wir passieren die berühmte Kanalbrücke über den Fluss Orb. Anschließend wird im Hafen von Béziers zwecks Versorgung mit Frischwasser angelegt und mit den Fahrrädern eine Einkaufstour unternommen. Gegen Mittag fahren wir weiter, passieren die Kreuzung mit dem Fluss Libron sowie die große Rundschleuse von Agde und laufen beim Leuchtturm Les Onglous bei etwas diesigem Wetter in das Bassin de Thau ein. Um 18.30 Uhr erreichen wir den Hafen von Marseillan, wo wir zwar einen herrlichen Sonnenuntergang erleben, als Liegegebühr jedoch 14 Euro (für 1 Nacht) berappen müssen.

Sonntag, 7. 7.

Bei sehr schönem Wetter überqueren wir den See, springen bei den Austernbänken zur Abkühlung ins Wasser und nähern uns schließlich den beiden
Hubbrücken von Sète. Wir müssen die Fahrräder vom Dach abnehmen, und
so gelingt uns die Durchfahrt. Wir legen an der Kaimauer an, denn im Canal
Latéral sowie im Canal de Sète dürfen Hausboote nicht fahren. Wir gehen in
die Stadt und haben das Glück, gratis einer Folklorevorführung des Fischer-
stechens beiwohnen zu dürfen. Frohen Mutes legen wir um 16.30 Uhr ab und
fahren Richtung Agde. In Villeneuve wird übernachtet, am Dorfplatz finden
wir ein ausgezeichnetes Restaurant.

Dienstag, 9. 7.

Wir passieren wieder die Kanalbrücke, wobei eifrig fotografiert wird, und
lassen uns bei irrer Hitze durch die 7 Schleusen emporheben. Dafür regnet es
mittags in Colombiers. Die Durchfahrt durch den Tunnel von Malpas bereitet
uns keine Schwierigkeiten.

In Capestang besichtigen wir die Stadt. Da uns noch Zeit bleibt, fahren wir
an dem schönen Le Somail vorbei noch bis Ventenac.

Mittwoch, 10. 7.

Zunächst fahren wir noch weiter bis Paraza, wo wir umkehren, um uns auf
der Rückfahrt die älteste Kanalbrücke anzusehen. Dann gibt es nochmals einen Halt vor dem Schloss von Ventenac, ein herrlicher Ankerplatz! Im
Schloss besichtigen wir das Weinbaumuseum und stellen bei der Weinverkostung fest, dass der Rosé der beste ist.

Zur Feier des Tages speisen wir im direkt am Wasser gelegenen Restaurant
„Somaillou" zu Mittag. Dann kommt wieder das Schleusenvergnügen bis
Narbonne – und wir haben noch nicht genug. Auch die automatische Schleuse in Narbonne muss ausprobiert werden! Nach einigem Warten und Versuchen zeigt die Signalanlage endlich Grün, und wir fahren unter den Häusern
von Narbonne noch ca. 1 Stunde in Richtung Meer. Die letzte Nacht am Boot
verbringen wir am Kai von Narbonne.

Donnerstag, 11. 7.

Gegen 9 Uhr geben wir das Boot zurück. Alles in allem also ein gelungener
Urlaub.

Fam. Reinprecht

Canal du Midi
Narbonne-Béziers-Paraza-Narbonne
1 Woche; Mai

Dieser Kanal müsste eigentlich zu den Weltwundern gezählt werden ...

Vorweg: Écluse = Schleuse; daher „Klüsen" = Schleusenfahren.

Und im Ausseerland heißt Klüse „Spalte". Also: „Klüsen" ist nicht nur interessant, aufregend (zumindest anfänglich) und auch anstrengend, wenn man nur zu zweit mit einem Boot für 6 Personen unterwegs ist, sondern auch nicht ungefährlich: Plötzlich treibt das Heck mit solcher Geschwindigkeit von der Schleusenbeckenmauer weg, dass ich die Achterleine nicht mehr halten kann und das Boot gegen den Nebenlieger knallt. Aufgeregt ruft und deutet meine Frau von oben, dass Wasser vom soeben geöffneten Schieber in die Vorplicht schießt.

Ich sause runter in die Küche um einen Eimer und sehe, wie Wasser durch die Ritzen der (zufällig) geschlossenen Türe ins Innere des Bootes dringt! Ich schöpfe wie besessen. Gut nur, dass die Plicht selbstlenzend und das Wasser bald abgeronnen ist.

Gleich nach der Schleuse legen wir an und besehen mit noch zitternden Knien die Bescherung. Wo ist das Wasser abgeblieben? Noch im Boot? Oder abgeronnen? Die Lenzpumpe fördert nur wenig. Ein Blick in die Bilge – trocken – es muss wohl abgeflossen sein! Nur der vordere Teil des Spannteppichs ist naß – Beruhigung tritt ein. Da kommt der Schleusenwärter und stellt fest, dass alles o.k. ist. Sein schlechtes Gewissen hat ihn wohl dazu bewogen; denn er nötigte uns, immer weiter vor zu verholen und öffnete dann den elektrischen Schieber zu rasch – und ein Wasserschwall ergoss sich ins Boot. Wasser – nun, beim Bootfahren braucht man es wohl.

Aber in diesem denkwürdigen Mai, als ganz Europa im Regen versank, stieg das sonst eher harmlose Flüßchen Aude um 4 (!) m über Normalpegel. Dieser muss aber, will man von Narbonne durch den Canal de la Robine in den Canal du Midi, überquert werden. Da dies unter diesen Umständen nicht möglich war, stellte uns die Firma Connoisseur ein anderes, viel größeres Boot für 6 Personen (zum gleichen Preis natürlich), zur Verfügung, welches sie mit anderen rechtzeitig nach Salléles überstellt hatte.

Nach einer kurzen, aber klaren Einschulung durch „Blondel", wie wir unseren Instruktor nannten (er begleitete uns dann noch mit seiner hübschen Frau bis zur ersten „Klüse"), waren wir auf uns allein angewiesen, und der Aufstieg begann. Man ist allgemein sehr hilfsbereit – Schleusenwärter(innen) wie auch andere Hausbootfahrer. Trotzdem – für 2 Personen mit einem so großen Boot (länger als 12 m und fast 4 m breit) ganz schön anstrengend. Aber das macht nix. Doch der Wind! Glaubte ich, das Boot endlich im Griff zu haben, das heißt, dass es dorthin fährt, wohin ich wollte, schob es eine „Mörderböe" wieder aus dem Kurs. Aber: „Gott sei Dank, es regnet wenigstens nicht" – war unser Leitspruch.

Die Landschaft ist schon einmalig: kilometerlange Platanenalleen, Wiesen, Schafe, Hügel, Weinfelder, verschlafene Ortschaften, Ruinen, dann die wuchtigen alten, engen Steinbrücken etc.

Dieser Kanalbau müsste eigentlich zu den Weltwundern gezählt werden.

Besonders die Konstruktion der Kanalbrücken, die das Wasser hoch über einen Fluss oder Graben leiten. Es begegnen einem andere Hausboote, oft abenteuerliche Konstruktionen, die aussehen wie schwimmende Schrebergärten oder Gurken oder Bananen, viele Segelyachten mit umgelegtem Mast, die vom Atlantik zum Mittelmeer tuckern oder umgekehrt, und viele Meter lange, dünne, ehemalige Lastkähne, umgebaut zu schwimmenden „Touristenbussen", wo du dich fragst, wie der durch die enge Brückendurchfahrt kommt, durch die du gerade durchgezittert bist.

Man kommt durch Orte, die man auf der Straßenkarte gar nicht findet – ein wuchtiger Turm steht da, der ausschaut wie eine Kirche und sich bei näherem Hinsehen als Weinkellerei entpuppt, mit riesigen eingebauten Zisternen. Im 1. und 2. Stock ist ein Museum für landwirtschaftliche Geräte eingerichtet, vom Turm eine herrliche Aussicht übers Land. Dann aus dem Fass ein herrlicher Rosé um 1 Euro.

In einem alten Wehrwächterhaus betreiben ein Franzose und ein Engländer ein Restaurant, von dem im Kanalhandbuch steht, „der Wirt holt Sie vom Boot ab und bringt Sie auch wieder zurück", was sogar stimmt. Sie helfen beim Anlegen und bringen gleich die Speisekarte mit. Auf asiatische Speisen hat man sich hier spezialisiert. Das Essen ist einmalig, der Preis auch, das Ambiente stimmt.

Alles in allem: ein Erlebnis, das wir nicht missen möchten.

Ing. Peter Handl

Canal du Midi
Narbonne-Béziers-Marseillette-Narbonne
1 Woche; Juli

Die Kinder radeln, der Papa filmt, und Mama tratscht mit dem Schleusenwärter

Wir, Vater Werner, Mutter Ingrid, Sohn Thomas (15 Jahre), Tochter Valerie (13 Jahre), beschließen, in diesem Jahr nicht Urlaub in einem Caravan in Südfrankreich wie in den letzten 10 Jahren, sondern in einem Hausboot zu machen. Schon im Vorjahr wurden Unterlagen gesammelt, Landkarten studiert und einschlägige Berichte gelesen.

Da der Aufwand (rund 1.800 Kilometer Anreise aus Wien) für eine bloß siebentägige Bootsfahrt am Canal du Midi zu groß ist, wird ein einwöchiger Urlaub an der Côte d'Azur miteingeplant. Werner fährt am 29. Juni mit dem Auto nach Mailand, übernachtet dort und wartet auf Valerie, die am 30. Juni mit OS281 angeflogen kommt. Beide fahren dann nach Ramatuelle, wo sie in einem Caravan der Familie Dieleman am Campingplatz Toison d'Or bis 4. Juli bleiben.

Das Wetter ist sehr wechselhaft, und sie verbringen einen Großteil der Zeit beim Einkaufen im „Casino" bzw. in St. Tropez. Ingrid und Thomas fliegen am 3. Juli mit der Abendmaschine von Wien nach Nizza und übernachten im Flughafenhotel. Am 4. Juli werden sie von Werner und Valerie abgeholt, und die vereinte Familie fährt bei strömendem Regen nach La Madrague.

Dort versuchen wir zum ersten Male, in einer Ferienwohnanlage von „Hapimag" Urlaub zu machen. Ein wunderschönes Appartement mit großer Terrasse und herrlichem Fernblick verspricht genussvolle Ferien. Es wird von der Verwaltung täglich ein Programm offeriert, welches wir nur zum geringsten Teil konsumieren. Es sind dies ein Fleischgrill- und ein Fischgrillabend. Da die Hapimag-Aktionäre zum Großteil aus Deutschland, der Schweiz und Österreich stammen, ist es in der Anlage selbst sehr wenig „französisch".

Verwöhnt von den vielen Urlauben in den Jahren davor in Ramatuelle bzw. in St. Tropez, ist vor allem Werner etwas enttäuscht.

Ingrid genießt die Ruhe und die Großzügigkeit der Ferienwohnung. Die Kinder finden Gleichaltrige, die Deutsch sprechen, um mit diesen Tennis zu spielen oder sich beim Bocciaspiel oder beim Volleyball zu messen.

115

Ein nettes Dorf, St.-Cyr-sur-Mer, in unmittelbarer Nähe, bietet alles, was man im Urlaub benötigt. Vom Supermarkt über kleine Geschäfte, Bistros, einem Bankomaten und einer Ärztegemeinschaftspraxis wird von uns alles frequentiert. Den zu dieser Zeit stattfindenden Streik der französischen Fernfahrer und die daraus resultierenden Blockaden der Autobahnen bemerken wir überhaupt nicht und erfahren dies nur aus den Zeitungen.

Das Wetter, ebenfalls ein Problem zu dieser Zeit in dieser Gegend, ermöglicht es uns, statt ständig am Pool oder am Strand zu sitzen, etwas in der Umgebung herumzufahren und die Landschaft kennenzulernen.

Die Calanques bei Cassis, La Ciotat, Le Castellet werden besucht und etwas von der französischen Lebensart genossen, was in der Hapimag-Anlage nicht leicht möglich ist. Immer wieder denken wir an unser bevorstehendes „Abenteuer Hausboot". Ingrid, die schon beim Anblick eines Schiffes seekrank wird, und Valerie, die Bilder von Schleusen gesehen hat, haben etwas Bedenken. Thomas sieht sich am Steuer eines „Speedboat" durch die Kanäle flitzen und Werner denkt mit Schrecken an eine Woche mit der Familie, auf engstem Raum zusammengepfercht.

Samstag, 11. 7.

Am frühen Morgen (7 Uhr) Aufbruch nach Narbonne aus unserer gemütlichen Wohnung in La Madrague. Etwas unausgeschlafen, da der Fischgrill vom Freitagabend einige Germanen zu wilden Gesängen veranlasst hat (und das bis 2 Uhr früh). Werner fährt geschickt durch Marseille, und bald sind wir wieder auf der Autobahn nach Narbonne. In Arles wollen wir frühstücken, doch der Markt im Zentrum lässt uns keinen Parkplatz finden. So frühstücken wir etwas außerhalb, und dann geht es weiter.

Um 12 Uhr Ankunft in Narbonne. Bald haben wir auch das Büro von Connoisseur Cruisers gefunden. Am Kanal liegen schon die Hausboote vertaut und für uns bereit gemacht. Wir beschließen, vorerst die Stadt zu besichtigen, und nehmen schließlich in einem algerischen Restaurant ein köstliches Mahl („Mefou et brochette") zu uns.

Nun wird die Zeit knapp, und wir beeilen uns zurückzukommen. Im „Geant Casino" decken wir uns vorher noch mit Proviant ein. Ein „Connoisseur Super 6 DC" wird uns zugewiesen, und wir laden unsere zahlreichen Reisetaschen ein. Werner fährt das Auto in eine Garage.

Dann weist uns ein netter junger Engländer in die Geheimnisse der Schifffahrt ein, und schon sind wir bei der ersten Schleuse angelangt. Der junge

Mann steigt aus und überlässt uns unserem Schicksal. Werner meistert souverän die Schleuse, und auch die weiteren schaffen wir ohne Probleme, immer in Konkurrenz mit einem englischen Boot sowie zwei deutschen. Das eine deutsche Boot (1 Mann, 2 Frauen und 1 Hund) hat noch größere Probleme.

Nach der Schleuse „Les Salléles d'Aude" legen wir an und bereiten uns fürs Übernachten vor. Es stellt sich heraus, dass die im Prospekt angegebenen Doppelbetten für unsere Größen und Schlafgewohnheiten nicht ganz geeignet sind. Ingrid bezieht in der vorderen Kajüte Quartier. Werner baut den Salon zu seinem Schlafraum um, und die Kinder teilen das Bett im Heck (ein Glück, dass Valerie noch relativ klein und zart ist und so mit ihrem Bruder in einem Bett liegen kann). Der zweite Nachteil ist der geringe Fassungsraum des Kühlschranks. Aber als langjährige Bewohner eines Caravans finden wir uns mit den gegebenen Umständen schnell zurecht. Der köstliche Rotwein, den wir an Bord vorfanden, treibt uns bald in die Betten, und wir verbringen eine angenehme erste Nacht.

Sonntag, 12. 7.

Frühstück um 8 Uhr, und dann geht es los. Bei der ersten Schleuse treffen wir auf ein sehr freundliches französisches Boot, und dank der Hilfe der Besatzung überwinden wir die nächsten Hindernisse mühelos.

Eine etwas flotte Einfahrt reißt uns einmal einen Fender ab; mit Hilfe der Franzosen fischen wir ihn heraus und alles ist wieder okay.

Bei einem Schleusenwärter erstehen wir Honig und einige Flaschen Wein.

Am Canal du Midi angelangt, biegen die Franzosen in Richtung Carcassonne ab und wir nach Béziers.

Um 12 Uhr taucht ein nettes Restaurant, „Le Chat qui pêche", bei der Pont d'Argeliers auf, und wir legen an. Die Kinder radeln durch die Gegend, Papa filmt und Ingrid tratscht mit der Wirtin und deren Mann. Ein köstliches Mittagessen gibt uns wieder Kraft, die Reise fortzusetzen. Thomas, „captain du reserve", übernimmt das Steuer und Valerie sitzt vorn am Ausguck.

Wir schaffen es ohne Probleme bis Béziers, wo wir um ca. 5 Uhr ankommen. Das Wetter ist wechselhaft und kühl.

Wir bestaunen die „sept écluses", wo sich gerade zahlreiche Schiffe hinaufwurschteln, unter anderen auch Österreicher. Diese raten uns ab, unser ursprüngliches Ziel, den „Étang de Thau" anzusteuern, da der Kanal dorthin ohne schattenspendende Platanen in der prallen Sonne liegt und das Binnenmeer schon bei geringem Wind für Hausboote wie das unsere sehr gefährlich wird. Nach einem frugalen Käse- und Weinmahl legen wir uns nieder.

Montag, 13. 7.

Um 8 Uhr weckt uns schon Motorenlärm auf und wir sehen, dass viele Boote zum Eingang der Schleusen fahren. Der Kampf um die „Pole-Position" beginnt! Ein Schweizer und ein Engländer fallen besonders auf. Um 10 Uhr sind wir drinnen und schaffen es mit vereinten Kräften, innerhalb von 2 Stunden unten zu sein. Anschließend geht es dann über eine Kanalbrücke, und wir sehen die Kathedrale von Béziers (13. Jh.) am Horizont.

An einem schattigen Platz bei Villeneuve-les-Béziers legen wir an und eilen in einen Supermarkt. Picknick im Grünen mit Käse, Melonen etc. Dann drehen wir um, da am 14. Juli (Nationalfeiertag) alle Schleusen geschlossen sind und wir bei einer Weiterfahrt einen Tag verlieren würden, denn kurz nach Béziers in Richtung Westen ist der Canal du Midi auf ca. 50 km schleusenfrei.

Um 4 Uhr turnen wir uns wieder 2 Stunden lang die sieben Schleusen hoch. Mit uns ein Österreicher, den wir noch öfters treffen werden. Nachher geht es lauschig dahin, und in Poilhès legen wir vor dem Bürgermeisteramt an. Ein hübsches Dorf an einer Kurve. Ein kleiner Greißler, bei dem wir „Croissants" für den nächsten Tag bestellen. Dann leisten wir uns für den „Supertag" ein Abendessen im „La Tour Sarrasine". Ein absolutes Spitzenessen.

Wir nehmen 2 Menüs; eines besser als das andere. Auch die Kindermenüs sind ein Traum. Wir sind die einzigen Gäste bei Kerzenlicht und klassischer Musik. Sogar die Kinder sind zufrieden. Der Patron und seine Frau unterhalten sich lange mit Ingrid, und es werden uns Küche und Vorratsraum gezeigt – eine ganz besondere Ehre. Der Grund, warum wir die einzigen an diesem Tag waren, lag darin, dass am Vorabend des Nationalfeiertages alles in größere Ortschaften unterwegs ist, um den Veranstaltungen und den Feuerwerken ebendort beizuwohnen. Nach einem kleinen Abendspaziergang legen wir uns zur Ruhe. Grillen zirpen, und wir träumen süß.

Dienstag, 14. 7.

Nach dem Frühstück verlassen wir unseren netten Platz und fahren gemütlich weiter. Am Vormittag legen wir dann in der Nähe von Capestang an, um zu duschen. Plötzlich reißt uns ein Verrückter, der Böller aus Anlass des Feiertages in unserer unmittelbaren Nähe zündet, aus unserer beschaulichen Ruhe. Ein wilde Diskussion folgt. Nachdem ihn Werner auf deutsch und englisch beschimpft hat und er mit der Knallerei weiter fortfährt, kommt Ingrid, nur mit einem Badetuch verhüllt, aus der Dusche und beginnt mit dem Menschen eine hörenswerte Brüllerei auf französisch, welche leider nicht aufgezeichnet wurde. Dem einfältigen Tropf verschlägt es im wahrsten Sinn die Worte und er trollt sich sehr schnell, nachdem er wiederkehrende Argumente für die Knallerei und gegen die Deutschen vorgebracht hatte. Später bummeln wir durch den Ort und Ingrid findet wiederum einen Gesprächspartner – diesmal den Fremdenverkehrsdirektor von Capestang. Am Abend legen wir in Roubia, einem winzigen Ort, knapp vor der nächsten Schleuse an. „Makkaroniabend"! Der Ort ist ziemlich ausgestorben.

Mittwoch, 15. 7.

Zeitig in der Früh wird aufgebrochen, nachdem wir hier in diesem kleinen Ort eher schlaflos übernachtet hatten. Die Kirchenuhr schlug nicht nur zu jeder vollen Stunde die Zeit, sondern wiederholte die Schläge 5 Minuten später nochmals.

Es wird ein anstrengender Tag. Die Sonne brennt auf uns nieder, etliche Doppelschleusen mit langen Wartezeiten (bis zu 2 Stunden) verhindern ein zügiges Fahren. Wir schätzen uns glücklich, noch in der Vorsaison unterwegs zu sein, und beschließen bis Trèbes zu fahren.

Am Abend sind wir so fertig, dass wir in Marseillette bleiben. Herrlich, so eine Dusche nach so einem Tag. Die Kinder erkunden mit dem Rad den Ort und reservieren in einem Restaurant einen Tisch.

Ein Wirt, der vergisst, einiges auf die Rechnung zu setzen, ist immer angenehm, und man sieht dann gerne über gewisse Mängel hinweg.

Wir beschließen zurückzufahren, da die vorgenommene Strecke zu lang bzw. der Zeitaufwand dafür zu groß ist.

Donnerstag, 16. 7.

Nach einer Übernachtung am stillen Ufer von Marseillette brechen wir um 8 Uhr auf, um die ersten bei der nächsten Schleuse zu sein. Werner hat mittlerweile schon Croissants und Baguettes besorgt. In der Schleuse sind wir sehr ungeschickt und Werner bekommt zu Recht einen Tobsuchtsanfall. Dann geht es aber flott dahin. Eine Doppelschleuse nach der anderen wird „perfekt" gemeistert.

Wir fahren ganz allein dahin und genießen die Stimmung, das wechselnde Licht, die Landschaft und die Ruhe. Nichts als Weingärten, schattige Ufer und blaßblauer Himmel ohne Wolken. An einer Schleuse pflückt Ingrid Blumen. Sie duften nach Thymian. In Le Somail legen wir an. Ein wunderschönes winziges Dörfchen mit einer Kirche aus dem 17. Jh. und einer angebauten Brücke. Daneben ein nettes Restaurant: „Le Somaillou". Der Wirt – ein Perfektionist – berät uns. Wir speisen hervorragend – und teuer. Beim Abschied, Ingrid kann es nicht lassen, verwickelt sie den Patron in ein Gespräch. Dieser empfiehlt uns in Narbonne ein Restaurant und reserviert auch sofort Plätze für den nächsten Abend.

Freitag, 17. 7.

Blauer Himmel, 8 Uhr früh. Ein sonniges Frühstück in einem Bistro, da kein Bäcker zu finden ist. Dann fahren wir los. In der ersten Schleuse „le catastrophe": wir stehen quer, das Wasser läuft ab, und das Boot hängt mit Bug und Heck an der Mauer in der Luft. Heftige interne Diskussionen, jeder gibt jedem die Schuld. Die Schleuse muss wieder geflutet werden. Ein Glück, dass wir die einzigen in der Schleuse waren. Weiterfahrt. Die nächsten Schleusen bewältigen wir besser. Mittagessen unter Bäumen an der Taversee de l'Aude" (dort, wo der Fluss Aude den Stichkanal vom Canal du Midi zum Mittelmeer kreuzt). Die letzten Vorräte werden aufgegessen – „Spahetti con Sugo et fromage blanc".

Die letzten zwei Schleusen fährt Thomas als „Captain in command" hervorragend. Um 15 Uhr treffen wir in Narbonne ein. Affenhitze!!!

Wasser wird aufgetankt, um ausgiebig duschen zu können. Wir lassen es uns nicht nehmen, durch die schönste Stadt Süd-Frankreichs zu fahren und eine vollautomatische Schleuse zu testen. Am Abend legen wir in unmittelbarer Nähe des Vermietungsbüros an und beginnen, unsere Habseligkeiten wieder in Taschen zu verstauen.

Danach machen wir uns stadtfein, bummeln durch die Stadt und suchen das uns empfohlene Restaurant auf. Es hat den Vorteil, nahe bei unserem Boot zu liegen. Es ist ein nettes Etablissement – nur gingen wir aufgrund der Empfehlung mit allzu großen Erwartungen dorthin und wurden etwas enttäuscht – noch dazu, wo sich der Wirt bei der Rechnung zu seinem Vorteil irrt. Ingrid reklamiert natürlich wieder, und es folgt eine eher peinliche Diskussion, da wir belehrt werden, dass es sich nur um 1 Euro handelt. Um nicht weiter aufzufallen, lassen wir es dabei bewenden. Tatsächlich beträgt der Irrtum 10 Euro. Da die Kaianlage in Narbonne während der ganzen Nacht sehr gut ausgeleuchtet ist und in weiterer Folge auch das Schiff, können wir nur sehr schlecht schlafen.

Samstag, 18. 7.

In der Früh vom Bäcker Gebäck fürs Frühstück geholt. Danach das Auto aus der Garage. Aus-, Um- und Einräumen und zum x-ten Male festgestellt, dass wir zuviel Sachen mitgenommen hatten, die wir nie benötigten. Letzter Putz des Bootes und offizielle Rückgabe. 80 Liter Diesel verbraucht und einen Schrubber unterwegs verloren. Kurz die beeindruckende Kathedrale von Narbonne besichtigt.

Da sich wieder ein heißer Tag ankündigt und wir, aber vor allem Valerie, nach einer Badegelegenheit lechzen, werden weitere Besichtigungen vom Tagesprogramm gestrichen und das bereits vor Wochen reservierte Hotel mit Swimmingpool in Toulon anvisiert. Nach einer mehrstündigen zirka 300 Kilometer langen Fahrt, springen wir um 15 Uhr ins lang ersehnte Nass.

Rückblick

Es war ein schöner, abwechslungsreicher, zum Teil anstrengender, nicht billiger Urlaub. Die Bedenken, betreffend Leben auf dem Hausboot und Handling des ca. 13 Meter langen, mehrere Tonnen schweren Schiffes, wurden kurz nach Übernahme und nach wenigen Minuten Fahrzeit über Bord geworfen. Für uns vier war die Größe des Schiffes gerade noch ausreichend, wir werden aber, sollten wir wieder ein Boot mieten, ein größeres nehmen. Die anfänglichen Sorgen, die Kinder könnten sich an Bord langweilen, waren grundlos, da es immer etwas zu tun gab.

Die Bewältigung der Schleusen war jedes Mal eine neue Herausforderung mit neuen Problemen und neuen Varianten. Ein Glück, dass wir eine „perfekte Französin", Ingrid, mit hatten, denn ohne ihre französischen Sprachkenntnisse wäre uns sicher einiges entgangen. Obwohl es bis zu 35 Grad hatte, war es Dank der Bäume am Ufer erträglich. Schlimmer müsste es bei Regen sein – immer aus dem und ins Boot bei den Schleusen, resultierende Wasserlachen im Boot und feuchte Bekleidung und Bettwäsche. Diesbezügliche Schreckensberichte waren in den Gästebüchern der Restaurants am Kanal zu lesen. Es war unser erster, aber sicher nicht unser letzter Urlaub auf einem Hausboot.

Lobend muss auch der Vermittler „Hausboot Böckl" erwähnt werden. Es hat alles bestens geklappt, die Beratung war ausgezeichnet und die Organisation hätte nicht besser sein können.

Valerie, Thomas, Ingrid, Werner G.

Ganz oben: Die Einfahrt nach Nérac, am Flüsschen Baïse.
Oben: Der Canal du Midi bietet ein nie enden wollendes Spiel zwischen Licht und Schatten.

Foto: Herta Weinlich

Die obere Kammer der Schleuse von Fonfile wird geflutet. Ist die untere Kammer voll, fährt man in die obere Kammer vor, die Tore werden geschlossen und die Schleusung geht weiter.

Canal du Midi
Narbonne-Trèbes-Agde-Narbonne
2 Wochen; Juni

„Pack' die Badehose ein" – Mit dem Rad zum Sandstrand

Anreise

Wien-Padua (Besichtigung, Mittagessen)-Piacenza (Übernachtung)-Monaco (Besichtigung, Mittagessen)-Eze „Le Village" (romantisches kleines Bergdorf bei Monaco, Übernachtung)-Arles (Besichtigung)-Narbonne (1.656 km)

1. Tag

Am 18. 6. übernahmen wir unseren Connoisseur Super 6 DC und fuhren um 16.45 Uhr los. In der ersten Schleuse wurden wir vom Personal der Basis eingewiesen, allein ging es dann noch bis Sallèles d'Aude, wo wir das erste Mal übernachteten. Das Handling des Bootes und die richtige Einfahrt in die Schleusen mit den notwendigen Handgriffen machte uns zwei Tage Schwierigkeiten, doch dann waren wir „Profis".

2. Tag

Über Le Somail fuhren wir bis Laredorte. Das von der Basis empfohlene Restaurant „La Gare" entsprach nicht den Erwartungen.

3. Tag

Ankunft in Trèbes.

4. Tag

Der vierte Tag war der Besichtigung von Carcassonne gewidmet (Hin- und Rückfahrt mit dem Taxi). Noch am Abend fuhren wir von Trèbes nach Marseillette. Das Restaurant „La Muscadelle" können wir empfehlen (nette Wirtsleute, gutes Essen).

5. Tag

Strömender Regen. Zu allem Überfluss hatten wir einen Schaden in der Hydraulik des Lenksystems (plötzlich fuhr das Boot nur noch nach links).

Ein Anruf in der Basis genügte, und „Chef" Donald kam nach ca. einer Stunde und behob den Schaden. Anschließend fuhren wir noch bis Homps. Dort befindet sich direkt beim Kanal das Restaurant „Auberge de l'Arbousier", es war das beste der gesamten Strecke (das Preis-/Leistungsverhältnis stimmt).

6. Tag

Dieser Tag wurde mit 42,9 km unsere größte Tagesetappe und wir erreichten Capestang. Das Restaurant im Hafen hat mittlere Qualität.

7. Tag

Wir besichtigten das Oppidum d'Enserune, fuhren durch den Tunnel, bewältigten die Schleusentreppe von Fonsérannes, überquerten auf der Kanalbrücke (Länge: 193 m) den Fluss Orb und landeten in Béziers. Nach der Besichtigung haben wir im Restaurant „La Grotte" gut und billig gegessen.

8. Tag

Wir erlebten eine wildromantische Landschaft wie in der Camargue (ca. 2 km nach der Schleuse Portiragnes am rechten Ufer – weiße Pferde, Vögel etc.). Bei der Straße D 37 legten wir neuerlich an und fuhren mit den Rädern zum Meer (Portiragnes Plage). Am Abend erreichten wir Agde.

9. Tag

An diesem Tag ging es bis zur D 51 und mit den Rädern zum Meer (Marseillan-Plage).

Am Nachmittag fuhren wir zum Étang de Thau nach Marseillan, dem östlichsten Punkt unserer Schiffsreise. Wir besuchten die Firma Noilly Prat und verkosteten hervorragende Vermouth-Sorten. Am Abend fuhren wir nach Agde zurück.

10. und 11. Tag

Samstag und Sonntag blieben wir in Agde und fuhren bei herrlichem Wetter mit den Rädern zum Badestrand nach Cap d'Agde (sehr sauberer Sandstrand).

In Agde gibt es viele kleine Gässchen mit Geschäften und Restaurants. In einem aßen wir eine herrliche Bouillabaisse (Fischsuppe mit zusätzlichem und separat serviertem Fisch). Am besten hat es uns im Restaurant „Chez Bebère" gefallen. Es gibt nur ein Menü um 11 Euro, aber das ist ganz hervorragend (Fischsuppe; Muscheln in pikantem Gemüse; Landpastete; Fisch; Eis). Wirklich ein Tipp für Kenner.

12. bis 14. Tag

Am 12. Tag traten wir die Heimreise an. Wir übernachteten wieder in Béziers und dann in Argeliers. Im Restaurant „Le Chat qui pêche" – „Die fischende Katze" – isst man in einem originellen Ambiente ganz gut.

Leider regnete es jetzt bis zum Ende unserer Schiffsreise. Wir fuhren bis Narbonne-Stadtmitte.

15. Tag

Am letzten Tag haben wir dann unser Boot zeitgerecht übergeben.

Allgemeines

Die Franzosen sind in dieser Gegend äußerst nett und hilfsbereit. Auch ohne Französischkenntnisse (nur Englisch und ein paar eingelernte französische Wörter) hatten wir keine Probleme, uns zurechtzufinden bzw. einzukaufen. Nur beim Essen ist eine Übersetzung der gängigsten Speisen zu empfehlen. Der Wein ist überall sehr gut, sollte aber in Bouteillen gekauft werden. Direkt beim Weinbauern kann sehr guter Wein auch in größeren Gebinden abgefüllt werden. Nicht zu empfehlen sind die an der Strecke angebotenen 5-Liter-Plastikgebinde.

Bei schönem Wetter ist die Bootsfahrt wunderbar, die Landschaft einmalig, die Sehenswürdigkeiten großartig. Bei Regen ist es allerdings furchtbar (alles feucht). Wir hatten leider einige Regentage und kaltes Wetter.

Ing. Josef Merkl

Ing. Josef Merkl hat die Schleusen sowie die tägliche Fahrtstrecke genau aufgezeichnet und in einer Tabelle zusammengefasst. Das wollen wir Ihnen nicht vorenthalten.

Datum	Ort	Abfahrt	Ankunft	Fahrt-strecke in km	Höhe ü. d. M. in m	Schleuse	Anz.	Hub-höhe in m
18. Juni	Narbonne	16:45		0,00	4,24			
				0,50	6,34	Gua	1	2,10
				4,90	8,30	Raonel	1	1,96
				9,00	8,30	Moussoulens	1	0,00
				9,20	11,76	Gailhousty	1	3,46
				10,30	18,16	Salleles	1	6,40
	Salleles d'Aude		19:15	11,00	20,87	St.-Cyr	1	2,71
1. Tag				11,00			6	16,63
19. Juni	Salleles d'Aude	8:40		12,00	23,86	Argeliers	1	2,99
				12,50	26,81	Empare	1	2,95
				13,50	29,92	Truilhas	1	3,11
				14,00	32,46	Cesse	1	2,54
				30,50	34,87	Argens	1	2,41
				33,00	39,50	Pechlaurier	2	4,63
				35,60	45,31	Ognon	2	5,81
				36,30	48,45	Homps	1	3,14
				40,00	52,07	Jouarres	1	3,62
	Laredorte		18:00	41,70	52,07			
2.Tag				30,70			11	31,20
20. Juni	Laredorte	10:00		46,30	56,70	Puichéric	1	4,63
				49,30	62,17	l'Aiguille	2	5,47
				51,10	67,78	St.-Martin	2	5,61
				52,30	76,47	Fonfile	3	8,69
				55,50	80,17	Marseillette	1	3,70
				64,70	88,01	Trèbes	3	7,84
	Trèbes		17:15	65,70	88,01			
3. Tag				24,00			12	35,94
21. Juni	Trèbes	16:30		66,70	80,17	Trèbes	3	- 7,84
	Marseillette		18:30	75,90	80,17			
4. Tag				10,20			3	7,84

Datum	Ort	Abfahrt	Ankunft	Fahrt-strecke in km	Höhe ü. d. M. in m	Schleuse	Anz.	Hub-höhe in m
22. Juni	Marseillette	9:30		75,90	76,47	Marseillette	1	- 3,70
				79,10	67,78	Fonfile	3	- 8,69
				80,30	62,17	St.-Martin	2	- 5,61
				82,10	56,70	Aiguille	2	- 5,47
				85,10	52,07	Puichéric	1	- 4,63
				91,40	48,45	Jouarres	1	- 3,62
	Homps		18:15	94,00	48,45			
5. Tag				18,10			10	31,72
23. Juni	Homps	11:00		95,10	45,31	Homps	1	- 3,14
				95,80	39,50	Ognon	2	- 5,81
				98,40	34,87	Pechlaurier	2	- 4,63
				100,90	32,46	Argens	1	- 2,41
	Capestang		18:30	136,90	32,46			
6. Tag				42,90			6	15,99
24. Juni	Capestang	10:30		155,10	18,86	Fonsérannes	6	-13,60
				156,60	12,67	Orb	2	- 6,19
	Béziers		16:00	157,00	12,67			
7. Tag				20,10			8	19,79
25. Juni	Béziers	9:30		157,00	8,43	Béziers	1	- 4,24
				161,10	6,17	Ariège	1	- 2,26
				162,40	4,22	Villeneuve	1	- 1,95
				166,90	1,99	Portiragnes	1	- 2,23
	Agde		18:30	180,00	1,99			
8. Tag				23,00			4	10,68
26. Juni	Agde	9:30		180,00	2,99	ronde d'Agde	1	1,00
				180,60	1,51	garde de Prades	1	- 1,48
				184,50	0,00	Bagnas	1	- 1,51
				189,30	0,00	(Bassin de Thau)		
				191,30	0,00	(Marseillan)		
				198,10	1,51	Bagnas	1	1,51
				202,00	2,99	garde de Prades	1	1,48
	Agde		19:00	202,60	1,99	ronde d'Agde	1	- 1,00
9. Tag				22,60			6	7,98

Datum	Ort	Abfahrt	Ankunft	Fahrt-strecke in km	Höhe ü. d. M. in m	Schleuse	Anz.	Hub-höhe in m
27. Juni	Agde			202,60	1,99			
10.Tag				0,00			0	0,00
28. Juni	Agde			202,60	1,99			
11. Tag				0,00			0	0,00
29. Juni	Agde	11:30		215,70	4,22	Portiragnes	1	2,23
				220,20	6,17	Villeneuve	1	1,95
				221,50	8,43	Ariège	1	2,26
	Béziers		19:30	225,60	12,67	Béziers	1	4,24
12. Tag				23,00			4	10,68
30. Juni	Béziers	10:00		226,00	18,86	Orb	2	6,19
				227,50	32,46	Fonsérannes	6	13,60
	Argeliers		17:00	261,50	32,46			
13. Tag				35,90			8	19,79
1. Juli	Argeliers	9:45		265,30	29,92	Cesse	1	- 2,54
				265,80	26,81	Truilhas	1	- 3,11
				266,80	23,86	Empare	1	- 2,95
				267,30	20,87	Argeliers	1	- 2,99
				268,30	18,16	St.-Cyr	1	- 2,71
				269,00	11,76	Sallèles	1	- 6,40
				270,10	8,30	Gaihousty	1	- 3,46
				270,30	8,30	Moussoulens	1	0,00
				274,40	6,34	Raonel	1	- 1,96
				278,80	4,24	Gua	1	- 2,10
	Narbonne		16:00	280,30	2,30	de Narbonne	1	- 1,94
14. Tag				18,80			11	30,16
2. Juli	Narbonne	8:30		280,80	4,24	de Narbonne	1	1,94
	Narbonne (Basis)		9:00	281,30	4,24	(Basis)		
15. Tag				1,00			1	1,94
Summe				281,30			90	240,34
Durchschnitt/Tag				20,09			6	17,17

Canal du Midi
Narbonne-Etang de Thau und retour
1 Woche; August

In Poilhès zum „Champion des Autrichiens" gekürt

Da es für uns die erste Bootsfahrt war – abgesehen von einigen kleineren Schlauchbootfahrten – war natürlich die Freude auf diesen Bootsurlaub seitens meiner Mannschaft (Gattin und Sohn) auch von einigen Befürchtungen geprägt. Ich persönlich war eigentlich immer sehr optimistisch und konnte den Tag der Bootsübernahme kaum erwarten.

So kamen wir an einem Donnerstag nachmittag nach einer 7stündigen Autofahrt von Nizza in der Basis Narbonne an.

Wir waren dann wirklich sehr angenehm überrascht von der ruhigen und freundlichen Atmosphäre, mit welcher uns die Basis-Leute empfingen.

Nachdem wir uns noch reichlich im Supermarkt für eine Woche mit Verpflegung versorgt hatten, unser Auto sicher in einer Garage untergebracht war und unsere Leihräder an Bord verstaut waren, wurden wir von einem netten Mechaniker von Connoisseur eingeschult.

Diese Einschulung führte uns Landratten, dank der genauen Erklärungen, zu einer relativ schnellen Vertrautheit mit „unserem" Boot.

Die recht guten Englischkenntnisse meines Sohnes, der mir als Dolmetscher zur Seite stand, sowie seine Geschicklichkeit bei der Steuerung des Bootes kamen mir sehr zu Hilfe.

Auch die kommenden Schleusen konnten uns nicht von einer Woche Hausboot-Urlaub abhalten. Und so fuhren wir noch an diesem Nachmittag von Narbonne in Richtung Canal du Midi los.

1. Tag
Abfahrt ungefähr um 17 Uhr von Narbonne. Einschulung, 1. Schleuse. Dann fuhren wir allein weiter. Drei Schleusen bis Sallèles d'Aude. Überquerung des Flusses Aude. Erste Nächtigung an Bord, wir ankerten im kleinen Hafen von Sallèles d'Aude.

2. Tag
Abfahrt nach dem Frühstück an Bord. Nach fünf Schleusen kamen wir zur

Mündung des Canal de la Robine in den Canal du Midi. Mittagsrast bei Argeliers; unser Boot befestigten wir am Ufer des Kanals. Entlang der Strecke gab es süße Weintrauben, wir brauchten uns nur zu bedienen. Nach einer ausgiebigen Pause ging es weiter nach Capestang, Poilhès und Colombiers. Wir kamen flott voran, da es auf dieser Strecke keine Schleusen mehr gab. In Colombiers tankten wir Frischwasser. Unser Tagesziel erreichten wir um ca. 19 Uhr im Stauraum der Schleusentreppe von Fonserannes.

3. Tag

Nach dem Frühstück (frisches Gebäck holte ich vom Laden am Kai) ging es die Schleusentreppe (7 Schleusen) zügig abwärts in Richtung Béziers.

Die Mittagsrast verbrachten wir diesmal an Land, eine kleine Grill-Station lud zum Essen ein. Um 14 Uhr Weiterfahrt. Bald erreichten wir die Rundschleuse in Agde. Nach einer Wartezeit von ungefähr 30 Minuten wurden wir durchgeschleust. Danach überquerten wir den Fluss Hérault. Hier endete unsere Fahrt bei der Schleuse von Bagnas, wo es einen Supermarkt gab, in dem Deutsch gesprochen wurde.

4. Tag

Um 9.30 Uhr war endlich Abfahrt. Nachdem wir die letzte Schleuse passiert hatten, erreichten wir die Mündung des Canal du Midi in das Bassin de Thau. Da wunderschönes Wetter war, fuhren wir entlang der Austernbänke bis in den kleinen Sporthafen von Mèze, ein schöner Ankerplatz.

Wir spazierten durch die Altstadt und besichtigten die Kirche. Nach einem ausgezeichnetem Mittagessen (Austern, Muscheln, Tintenfische und ein ausgezeichneter Weißwein) war noch ein Badeaufenthalt im Strandbad vorgesehen. Am späten Nachmittag traten wir die Rückreise zum Canal du Midi an. Um 18 Uhr erreichten wir wieder die Schleuse von Bagnas. Wir beendeten den Tag mit einem kleinen Spaziergang.

5. Tag

Um 10 Uhr fuhren wir los und erreichten nach einer Stunde die runde Schleuse von Agde. Unser Boot wurde problemlos hochgeschleust, und wir ankerten im Stauraum. Ein Besuch der Altstadt und des Marktes war sehenswert. Nach dem Mittagessen an Bord fuhren wir weiter bis Béziers. Dort machten wir unser Boot im Hafen fest und unternahmen einen ausgedehnten Stadtbummel. Wir sahen auch das Denkmal von Paul Riquet, dem Erbauer des Canal du Midi. Martin erprobte das Leihrad auf seine Fahrtauglichkeit.

6. Tag

Abfahrt um 9 Uhr. Wir fuhren über das Aquädukt des Flusses Orb.

Weiter ging's zur Schleusentreppe von Fonserannes, wo wir nach dem Hochschleusen am Ufer des Stauraumes unser Mittagessen einnahmen. Ein wunderschöner Blick auf Béziers. Nachmittags weiter nach Colombiers, wo wir nochmals Wasser tankten.

Einen kurzen Aufenthalt gönnten wir uns noch bei den römischen Ausgrabungen im Oppidum d'Enserune. Anschließend fuhren wir durch den Tunnel von Malpas. Um ca. 16 Uhr machten wir unser Boot am Kai von Poilhès fest. Meine Frau legte eine Ruhepause an Bord ein. Martin und ich fuhren mit den Rädern herum.

Auf dem Dorfplatz wurde ein Boccia-Turnier ausgetragen. Da wir begeistert zusahen, wurden wir zum Mitspielen eingeladen. Ich bekam den Titel „Champion des Autrichiens". Abends besuchten wir das Restaurant „La Tour Sarrasine", wo wir zu Abend aßen (sehr teuer).

7. Tag

Abfahrt von Poilhès um 9 Uhr. In Capestang besuchten wir den Wochenmarkt. Nach dem teuren Abendessen vom Vortag nahmen wir das Mittagessen an Bord ein. Nachmittags ging es weiter bis zu einem Weinkeller in der Nähe von Argeliers, wo wir uns mit Rotwein versorgten (sehr gut und billig). Unsere letzte Nacht an Bord verbrachten wir auf freier Strecke – es war sehr romantisch.

8. Tag

Wir erreichten nach den letzten zwei Schleusen um ca. 10 Uhr die Basis von Connoisseur in Narbonne. Die Bootsrückgabe erfolgte schnell und problemlos. Somit verblieb uns noch etwas Zeit für einen kleinen Stadtbummel durch Narbonne. Nachmittags traten wir die Heimreise an.

Fam. Siedl

Foto: Eric Clavery

*Castelnaudary, eine bemerkenswerte Stadt
am Canal du Midi.*

Foto: Dr. Franz Szalay

Der Wasserkeil von Fonsérannes war für die kommerzielle Schifffahrt geplant. Nur gibt es seit der Inbetriebnahme dieses Schiffshebewerkes keinen Frachtverkehr mehr . . .

Wenn man vom Aquädukt von Béziers kommt, steht man
in der Schleuse über den Dächern des Hafens.

Mit Getöse und unglaublicher Kraft schießt das Wasser
durch die offenen Schieber der Schleuse.

Schleusenarbeit ist leichter als man glaubt,
überhaupt am Canal du Midi.

Was in keinem Führer steht

Grau-du-Roi
Verbotene Plätze sind die schönsten

. . . und bisweilen auch die lautesten, wie man um vier Uhr morgens am eigenen Leib verspüren kann – und das im wahrsten Sinn des Wortes; denn zum Lärm gesellten sich auch noch die Wellen, die einen förmlich aus dem Bett warfen. Doch jetzt einmal schön der Reihe nach. Der eingangs erwähnte verbotene Anlegeplatz ist der Fischereihafen von Grau-du-Roi. Von Beaucaire aus gibt es einen Kanal in das malerische Fischerdorf, daher auch relativ viele Freizeit-Boote, die sich hierher verirren. Ist ja auch zu reizvoll, mit dem Boot direkt bis zur letzten Schleuse vor dem Meer zu fahren und einfach hinüberzuspazieren über die Düne zum Strand. Was es hier allerdings nicht gibt, sind brauchbare Anlegemöglichkeiten in ausreichender Zahl. Das will heißen, dass die örtlichen Gegebenheiten bald voll ausgenützt sind.

Was ein echter Hausboot-Urlauber ist, der sucht sowieso ein wenig das Abenteuer und legt daher dort an, wo a) niemand seinesgleichen ist und b) das Anlegen schön, aber verboten ist.

Da wir uns ganz gerne an Regeln halten, speziell an solche, die wir selbst aufgestellt haben (wie die obige), hat es uns ein ziemliches Vergnügen bereitet, unser Boot in einem netten und ruhigen Winkel des Fischereihafens quer zur Richtung aller großen Fischerboote festzumachen. Da war nämlich noch ein kleiner Spalt frei zwischen einem Kutter und der Kaimauer, und solche Anlegemanöver haben uns immer schon gereizt.

Der Liegeplatz war hervorragend, ausgezeichnet – der schönste, den wir in dieser Woche hatten – mit einem Wort: alles, was man will. Und himmlisch ruhig. Bis exakt 3.45 Uhr früh. Da erhob sich ein Donnern und Grollen, unser Boot schlug heftig gegen die Kaimauer und der sprichwörtliche Weltuntergang schien gekommen.

Der Grund war ein simpler: die Fischerei-Flotte startete zur großen Fahrt. Und da wir genau hinter dem Heck eines der Boote lagen, gewannen wir von diesem Manöver natürlich einen besonders deutlichen Eindruck.

Dies ist der Tag, seit dem wir verbotene Plätze nur noch außerhalb von Fischereihäfen aufsuchen . . .

137

Charente
Der Fluss der zwei Geschwindigkeiten

*Es wäre nicht Frankreich, würde hier nicht die Bürokratie spielerisch zu un-
geahnten Höchstleistungen auflaufen. So gelingt beispielsweise das Kunst-
stück, auf ein und demselben Fluss zwei unterschiedliche Höchstgeschwin-
digkeiten vorzuschreiben. Der obere Abschnitt des Flusse Charentes, von
Angoulême bis Port-du-Lys, gehört ins Departement Charente; hier darf man
10 km/h fahren. Der untere Abschnitt hingegen, zum Departement Charente-
Maritime gehörig, darf mit 12 km/h befahren werden.*

Aigues-Mortes/Camargue
Der Grusel-Turm als Wochenend-Haus

*Im Alter von acht Jahren wurde Marie Durand in die Tour de Constance ge-
sperrt, weil sie dem protestantischen Glauben angehörte und diesem nicht
abschwören wollte. Dort blieb sie 38 Jahre lang gefangen. Von dieser un-
rühmlichen Geschichte und dem Greuel, das die katholische Kirche nicht nur
hinsichtlich der Verfolgung Andersgläubiger anrichtete, zeugt das in der Tour
de Constance untergebrachte Museum.*

Ein finsterer Ort, beinahe ohne jedes Tageslicht, kalt und feucht.

*Dieser Turm, eine uneinnehmbare Festung, wurde von Louis IX., der
Aigues-Mortes erbauen ließ, angeblich als Zweit-Residenz bewohnt, als Wo-
chenendhaus, sozusagen. Dieser Louis war es auch, der (im 13. Jh.) Kreuzzüge von Aigues-Mortes aus startete. Offiziell galt es, den katholischen Glauben zu verbreiten, in Wirklichkeit waren alle Kreuzzüge reine Beute-Feldzüge.
Scheinbar ein Akt höherer Gerechtigkeit, dass der liebe Louis in fernen Lan-
den die Pest bekam und ins dort nicht vorhandene Gras beißen musste. Das
war jedoch ausreichend, um ihn heilig zu sprechen.*

Aigues-Mortes/Vidourle
Die Guillotine köpft heute niemanden mehr

*Wenn Sie, von Aigues-Mortes kommend, in Richtung Étang de Thau fahren,
haben Sie kurz nach der Stadtgrenze eine abenteuerliche Konstruktion vor
Augen: die sogenannten „Portes de garde a Guillotine". Es sind dies zwei Tore, die von Stützen und Führungsschienen in der Luft gehalten werden und
den Eindruck einer Guillotine erwecken.*

Allerdings wird dort niemand geköpft. Es handelt sich dabei vielmehr um Schutztore, die geschlossen werden, falls der Fluss Vidourle Hochwasser haben sollte. Dadurch wird der Canal du Rhône á Sète, der die Vidourle quert, vor Überschwemmungen geschützt.

Übrigens: die Durchfahrt durch die Schutztore ist nicht sonderlich gespenstisch, sondern vielmehr eine nette Abwechslung: schließlich sind die metallenen Tore ja auch nett bemalt (beispielsweise mit einem Sonnenuntergangs-Motiv).

Camargue

Chemie-Heer kontra Insekten-Heer

Die Ausläufer der Camargue bis hin zum Étang de Thau waren lange Zeit ein im kommerziellen Sinn völlig ungenutztes und nur schwach besiedeltes Gebiet. Findige Tourismus-Manager erkannten, dass da wohl mehr zu holen wäre, und analysierten den Zustand der Region: da gab es einerseits ein paar Einheimische, mit denen würde man schon fertig werden. Und da gab es noch ein Riesenheer an Insekten, das ein beinahe unlösbares Problem darstellte. Ersteres bekam man blendend in den Griff, zumal ein „echtes Fischerdorf" auf keiner Rundtour fehlen durfte. Zweiteres erledigte eine Armada von Chemikern: den Milliarden von Gelsen (auch Schnaken oder Mücken genannten Blutsaugern) ging es an den Rüssel. Gegen die Chemie-Hubschrauber-Einsätze hatte die Natur keine Waffen mehr. Und so stand schließlich den Architekten der Ferien-Dörfer am Mittelmeer nichts mehr im Wege.

Nicht gerade von Einfallsreichtum geplagt dürfte der damalige „Star-Architekt" Baladur gewesen sein. Auf seinem Schreibtisch entstand eine Anlage namens „La Grande Motte", die heute als Inbegriff der Massentourismus-Freizeitarchitektur schlechthin gilt. Pyramidenförmige Wohnhausanlagen sind Urlaubsquartier für jene, die ohnedies das ganze Jahr in ähnlichen Bauten hausen müssen und es nicht einmal merken, dass sie im Urlaub noch extra dafür zur Kasse gebeten werden.

Insgesamt entstanden sechs Feriensiedlungen in den Jahren nach der großen Anti-Stechmücken-Aktion, die oben erwähnte Siedlung bietet allerdings einen optisch und auch namentlich herausragenden Beweis der möglichen Irrungen menschlichen Geistes (Architekt, Bauherren und Urlauber eingeschlossen). So sind die pyramidenartigen Gebilde vom „Star-Architekten" tatsächlich nach Pyramiden benannt worden: Inka, Chéops, Babylone sind die Namen der Blöcke, die er in den Sand der einst verträumten Stille setzte. Tausende Urlauber tummeln sich dort Jahr für Jahr, und mit der (allerdings sehr klinischen) Infrastruktur kann so ein Ort schon einmal eine Abwechslung für Hausboot-Urlauber bieten, die unversehens auf die „Segnungen der modernen Zivilisation" stoßen.

Vom Boot aus sehen Sie die Anlage übrigens im Vorbeifahren. Wenn Sie also Lust haben, die Stille der Camargue für einen Abend mit Nachtclub oder Diskothek zu vertauschen, sind Sie dort gut aufgehoben.

Canal du Midi

Der Fahrrad-Nachschub liegt unter der Wasseroberfläche

Es gibt Stellen am Midi, die würden sich bestens als Nachschublager für ein Fahrradgeschäft eignen – wäre das besagte Lager nicht unter Wasser und die „Ware" daher meist ziemlich verrostet.

Drei Faktoren sind am Zustandekommen dieser eigenartigen Ansammlungen beteiligt: zum einen die Unachtsamkeit von Urlaubern, zum anderen Fahrräder, die nicht mit dem Fahrradschloss am Boot befestigt sind, und zum dritten ein Baum, der weit in den Kanal hineinragt – und das in geringer Höhe. Sie haben schon erraten, wie das funktioniert:

Man steuert so dahin, unter dem Baum hindurch, und denkt, das wird sich schon ausgehen. Für's Boot geht es sich auch aus – dass Fahrräder am Dach, selbst wenn sie liegen, mindestens einen halben Meter in die Höhe ragen, bedenkt man jedoch nicht immer. Und so räumt der Baum mit schöner Regelmäßigkeit die Fahrräder von den Booten.

Wir kennen einen Boots-Urlauber, dem ist dieses Mißgeschick passiert. Er hielt an, um die verlorenen zwei Fahrräder aus dem Kanal zu fischen – und brachte schließlich sechs verschiedene in unterschiedlichsten Rost-Zuständen zurück. Da waren einige vor ihm wohl nicht so gründlich . . .

Canal du Midi

Die Ratafia-Schleuse

Unweit der Rundschleuse von Agde gibt es einen alten Schleusenwärter, der ein diebisches Vergnügen daran findet, die ihm nicht sonderlich sympathischen Freizeitkapitäne ein wenig zu ärgern. Warum sie ihm nicht sympathisch sind, wollen Sie wissen? Ganz einfach – weil sie Arbeit bedeuten. Schließlich würde er doch viel lieber den ganzen Tag im Schatten des mächtigen Baumes neben seinem Haus sitzen, anstatt Schleusungen durchzuführen.

Wie seine Schleusungen vor sich gehen, hat er einmal (in bereits ziemlich „gelockerter" Stimmung) dem Kapitän eines Hotel-Bootes erzählt, von dem wir diese Geschichte erfahren haben:

„Es gibt drei Kategorien von Schleusenmanövern. Bei den kleinen Mietbooten mache ich den Schieber stärker auf, als man sollte; da strömt das Wasser wild in die Kammer und die Freizeitkapitäne haben alle Hände voll zu tun, ihr Boot ruhig zu halten.

Die zweite Möglichkeit: Hotel-Péniches; da öffne ich vorschriftsgemäß. Und schließlich die dritte Möglichkeit: wenn gute Freunde mit ihrem Boot vorbeikommen, öffne ich nur ganz wenig", erklärte der Schleusenwärter dem Kapitän, als sie im Schatten des Baumes saßen und wie gewohnt ein Gläschen Ratafia schlürften.

„Warum nur ganz wenig?", lautete die Frage des Kapitäns.

„Ist doch ganz klar: dann braucht die Schleuse eine Viertelstunde länger zum Vollwerden. Sonst könnte ich doch nie mit jemandem hier sitzen und meinen Ratafia trinken. Schau dir nur an, wieviele Freizeitboote in der Zwischenzeit schon wieder vor der Schleuse warten . . ."

Palavas/Camargue

Das U-Boot vor dem Wochenendhaus

Nahe Palavas-les-Flots quert ein kleiner Fluss den Kanal. Es ist der Lez, der nach Lattes führt (Richtung Montpellier). Fährt man diesen Richtung Landesinneres, ist die Landschaft nach einer S-förmigen Kurve wie ausgewechselt. Kleine Wochenendhäuser säumen hier den Wasserweg, die Gärten sind durchwegs sehr gepflegt. Und natürlich hat jedes Haus auch mindestens ein Boot aufzuweisen.

In vielen Fällen tut's eine Jolle, es gibt auch einige Segel- und Motorboote; die Krönung ist jedoch ein „U-Boot" im Miniformat (vielleicht 10 Meter Länge), das inmitten der schmucken Umgebung einen etwas abenteuerlichen Eindruck macht.

141

Hausboote und Ferienhäuser

vom

Spezialisten

A-1180 Wien, Tel. 01/470 470 8

ferien@hausboot-boeckl.at

www.hausboot-boeckl.at

D-80335 München, Tel. 089/542 901 09
D-40547 Düsseldorf, Tel 0211/59 33 66
D-70182 Stuttgart, Tel. 0711/23 61 470

reisen@hausboot-boeckl.de

www.hausboot-boeckl.de

Prospekt anfordern, telefonisch buchen!

„Mit dem Hausboot durch ..."

- ● **Burgund/Elsaß**
- ● **Süd-Frankreich**
- ● **Holland**
- ● **England/Schottland**
- ● **Irland**

Spezielle Tipps machen die Bücher der Serie „Mit dem Hausboot durch ..." zu einer unentbehrlichen Unterlage für die Auswahl der Reisestrecke. Es werden Wasserwege sowie die Region vorgestellt und die Stationen unterwegs beschrieben. Historisce Schmankerln und Erklärungen zum Bau der Kanäle sowie Übersichtspläne runden das Bild ab. Zusätzlich gibt es Reiseberichte von Hausboot-Urlaubern, die Thema und Region aus ihrer persönlichen Sicht beschreiben.

Französisch für Hausboot-Urlauber

Die wichtigsten Ausdrücke rund ums Bootfahren; Grundvokablen für unterwegs.

Hausbootfahren leicht gemacht

Tipps und Tricks, Navigation, Knoten, Schleusen, An- und Ablegen etc.

Die top-aktuellen Bootsführer:

Unterwegs auf ...

- ● **dem Nivernais-Kanal**
- ● **dem Burgund-Kanal**
- ● **der Saône und der Seille**

Top-aktuelle Detail-Streckenplaner mit allen Einzelheiten für unterwegs: Restaurants und Liegeplätze, Geschäfte, Öffnungszeiten, Sehenswürdigkeiten, genaue km- und Schleusenangaben . . .

Bücher und Führer einfach telefonisch bestellen! Die Tel.-Nummern finden Sie rechts!

- ☐ **Wien** 01/470 470 8
- ☐ **München:** 089/542 901 09
- ☐ **Düsseldorf:** 0211/59 33 66
- ☐ **Stuttgart:** 0711/23 61 470

14 TAGE RÜCKGABE-RECHT!